MERCI
(감사)

오늘 하루도 모든 가족형제 여러분이

복음의 좋은,기쁜,행복한 소식을 전하여

더불어 다함께

하나님의 은혜,은총,축복받은

부,건강,행복,백만장자가 모두 다 되시기를

항상 주님께 기도드리겠습니다.

MERCI 성경의 재정

초판 1쇄 발행 2020년 2월 12일

지은이 김창수
펴낸이 장길수
펴낸곳 지식과감성#
출판등록 제2012-000081호

주소 서울시 금천구 벚꽃로298 대륭포스트타워6차 1212호
전화 070-4651-3730~4
팩스 070-4325-7006
이메일 ksbookup@naver.com
홈페이지 www.knsbookup.com

ISBN 979-11-6275-989-9(03230)
값 13,000원

이 도서의 국립중앙도서관 출판예정도서목록(CIP)은 서지정보유통지원시스템
홈페이지(http://seoji.nl.go.kr)와 국가자료공동목록시스템(http://www.nl.go.kr/kolisnet)에서
이용하실 수 있습니다. (CIP제어번호 : CIP2020003355)

홈페이지 바로가기

MERCI 감사

성경의 재정

김창수 지음

지식과감성#

머리말

지금 우리가 속해 있는 자본주의 사회의 모습은 어떠합니까? 누구나 돈을 벌어 부자가 되기를 바라지만, 세상에는 여전히 극빈자들이 많습니다. 노동시장의 근무조건은 열악하고 자영업자들의 폐업이 속출하고 있습니다(마 24:6~8). 현실에 대한 절망과 미래에 대한 불안을 겪고 있는 서민들을 겨냥한 '부자 되는 방법'과 같은 강의 영상, 자본주의 경제구조나 재정에 관한 책들을 우리는 흔히 찾아볼 수 있습니다(마 24:11~12).

그러나 하나님의 경제구조는 인간의 경제구조와는 그 본질부터가 분명히 다릅니다(사 55:8~9). 우리는 단순히 '돈 벌어 부자 되는 방법'을 배우기 전에, 먼저 성경을 펼쳐서 하나님의 뜻을 정확히 알아야만 합니다(렘 31:33~34). '성경'의 안경을 올바로 쓰고 돈의 세계를 올바로 이해한 후에 돈을 사용해야 합니다.

하나님은 성경을 통해 돈에 대한 올바른 관점을 이미 말씀해 주셨습니다(마 6:22~23). 우리는 돈을 올바르게 구하고 관리하는 방법인 '성경의 재정'을 배워야 합니다. 그럼으로써 돈이란 것은 결국 공동체와 '더불어 다함께 나누는 삶'(행 2:44~45)을 실천하기 위하여 잠시 주어진 것일 뿐임을 알아야 합니다.

이 책의 1부에서는 '성경의 재정'에 대한 전반적인 설명을 담았습니다. 돈의 노예 상태에서 벗어나 이 땅에서 올바른 하나님의 자녀로 살아가는 방법을 안내합니다(신 31:11~13). 그리고 2부에서는 "기업의 경영은 항상 복음과 함께 가야한다"라는 저의 생각을 에세이 형식의 글로 담아 보았습니다. 우리 모두가 하나님의 말씀인 '성경의 재정'을 제대로 이해하고 실천하는 사람으로 더불어 다함께 다시 태어나 봅시다(요 3:3).

(주)선행 명예회장 김창수

목 차

제 2 부 · MERCI 복음경영
GOSPEL RUNNING

MERCI
BIBLICAL
FINANCE

제1부
MERCI 성경의 재정

MERCI
BIBLICAL
FINANCE

제1부 · 제1장

돈의 문제

제 1 장 돈의 문제

당신에게 있어 '돈'이란 과연 어떤 의미입니까? 돈은 사람들끼리 살아가는 사회 안에서 끊임없이 '돌고 돈다'고 해서 '돈'이라고 합니다. 인간이란 존재가 어찌나 돈을 좋아하는지, 요즈음에는 심지어 제목이 그저 한 글자로 〈돈〉이라고 하는 한국영화가 개봉하기도 했습니다. 이 영화의 도입부에서 주인공은 "나는 부자가 되고 싶었다"라는 독백을 읊조립니다. 누구든지 세상을 살아가는데 있어 돈이 필요하기 때문에(잠 10:15), 이 세상에서 돈을 벌고 싶지 않은 사람은 없을 것입니다. 자연스럽게 우리 인생의 대부분은 돈을 취급하는 것과 밀접하게 관련되어 있습니다(마 25:14~30). 우리는 돈을 벌어서 관리하고, 또는 어딘가에 투자하거나 빌려주면서 돈 문제로 고민하고 다투는 일로 인생 대부분의 시간을 보내고 있습니다(눅 19:2).

돈은 선한 것일까요, 악한 것일까요? 돈은 '복'을 가져다주는 것일까요, '화'를 가져다주는 것일까요?(잠 13:22) 우리나라 최초의 화폐는 조선 시대의 '상평통보'였다고 합니다. '평등하게 널리 쓰이는 보배가 되어야 한다'(레 19:36)는 뜻입니다. 사전적인 정의로는 돈이란 '사물의 가치를 나타내고, 상품의 교환을 매개하며, 재산 축적의 대상으로도 사용하는 물건'(행 2:44)입니다. 돈은 계산의 기본 단위, 지급 수단, 교환의 매개물입니다(잠 16:11). 돈은 애초 물물교환과 거래에 사용하기 위한 수단이었습니다.

그러므로 돈은 그 자체로는 아무런 가치도 없습니다(잠 11:4). 지폐는 그저 종이일 뿐이고, 동전은 그저 쇳덩이에 불과합니다(잠 23:5). 하지만 우리는 이 돈을 교환의 매개물로 서로 약속하여 믿고 통용하고 있습니다.

오늘날 자본주의 신용사회에서는 모든 것이 돈으로 이루어지고 있습니다. 이처럼 돈이란 선도 악도 아닌 중립적인 성질을 띄고 있습니다(잠 13:22). 그런데 돈이 누군가에게는 행복을 가져다주는 효과적인 수단으로 사용되기도 하지만(잠 8:18), 누군가에게는 인생의 파멸로 향해가는 수단으로 사용되기도 하는 것을 우리는 흔히 목격하게 됩니다(잠 28:22).

그러니까 돈 그 자체는 문제가 되지 않습니다. 돈 자체는 결코 나쁜 것이라고 볼 수 없지만(딤전 4:4~5), 돈을 사용하는 '사람'이 문제입니다(잠 10:2). 본래 돈과 돈의 체계도 하나님께서 친히 창조하신 것이지만(창 1:31), 단지 돈을 사용하는 인간에 의해서 그 돈에 대한 선악이 달라지는 것입니다(잠 11:28). 돈을 버는 목적에 따라서, 또는 어떻게 사용하는지에 따라 그 돈의 의미가 좋을 수도 있고 나쁠 수도 있게 됩니다(잠 13:7).

비유하자면, 강도의 손에 들려있는 칼은 사람을 상해하지만(눅 10:30), 의사의 손에 들려있는 칼은 사람을 살립니다(출 15:26). 마약은 사람을 정신적, 육체적 파멸로 이끌겠지만(롬 13:13), 의사의 손에 든 마약은 중환자를 살립니다(행 2:11~13).

마찬가지로 돈도 선한 사람의 손에 들어가면 선한 열매를 맺지만, 악한 자의 손에 들어간다면 악한 열매를 맺습니다(눅 16:9). 선과 악이 공존하는 불완전한 인간이기 때문에 '돈이 누구에 의해 어떤 목적으로 사용되는가'에 따라 돈이 선이 되기도 하고 악이 되기도 하는 경우가 생기는 것입니다(왕상 3:9, 히 5:14). 돈은 긍정적인 면과 부정적인 면을 동시에 갖고 있습니다. 우리가 돈을 좇으며 움켜쥐려고 할수록 돈의 노예가 되어 오히려 돈을 적게 갖게 되고(잠 11:24), 하나님을 뜻을 따를수록 내가 필요로 했던 적당한 돈이 하나님의 능력으로 넉넉하게 채워집니다(빌 4:19).

놀랍게도, 하나님의 말씀이라고 하는 '성경'에서 이러한 돈의 문제에 대해 정말 자주 이야기하고 있습니다. 돈에 대한 하나님의 뜻과 명령이 성경에 구체적으로 기록되어 있습니다(사 55:8). 하나님께서는 성경을 통하여 우리의 경제적인 삶을 구체적으로 가르치고 인도하기를 원하신다는 사실을 알 수 있습니다(잠 1:1~6, 딤후 3:16).

성경은 역사상 가장 많이 팔린 책이자 세계 베스트셀러 1위의 스테디셀러입니다. 성경은 유대교와 기독교의 경전으로, 구약 39권과 신약 27권을 합쳐서 만든 66권의 전집입니다. 구약은 장차 이 세상에 구원자를 보내주겠다는 옛 약속이며, 신약은 이 세상에 구원자가 이미 한 번 오셨고, 장차 다시 오실 것이라는 새로운 약속입니다. 유대교에서는 구약 39권만을 믿고, 기독교에서는 예수님의 부활 승천 이후 쓰여진 책들을 신약 27권으로 추가하여 신구약을 다 믿습니다.

성경에는 '믿음'과 관련된 구절이 215여 절, '구원'과 관련된 구절이 218여개가 있는데, '돈'에 관한 구절은 2,000여개가 넘는다고 합니다. 이것은 성경의 핵심적인 교리라고 말하는 믿음, 구원 등의 구절을 다 합한 것보다 많은 양입니다. 성경은 2,000여개가 넘는 구절에서 재정과 관련된 문제를 어떻게 다루고, 돈을 어떤 시각에서 보아야 하는지를 이야기하고 있습니다.

성경에서 예수님은 직접적으로 돈에 대한 비유를 많이 하셨습니다. 예수님이 말씀하신 38개의 비유 중 16개가 돈에 대한 비유였습니다. 예수님의 비유 30여 개 중 1/3 정도가 직간접적으로 재정과 관련된 비유들입니다. 대표적으로 달란트 비유(마 25:14~30), 무자비한 종의 비유(마 18:21~35), 불의한 청지기의 돈 탕감 비유(눅 16:1~10), 므나 비유(눅 19:11~27) 등이 있습니다.

이렇듯 성경에 돈에 관한 말씀이 많이 나오는 이유는 당연히 돈이 그만큼 우리의 삶에 큰 영향을 미치기 때문일 것입니다(잠 10:2). 그러므로 돈을 잘 관리하고 사용하는 일은 곧 하나님의 뜻을 잘 따르는 일이 될 것입니다(잠 19:21, 미 4:12). 하나님은 우리들이 하나님의 뜻을 성경을 통해 잘 배우고 깨달으며 삶에 지혜롭게 적용하여 풍성한 열매를 맺기를 원하십니다(갈 5:22, 딤전 4:6, 딤후 3:16, 딛 2:1).

그러므로 우리는 하나님이 우리 인간과 이 세상 물질을 창조하신 목적을 정확하게 알아야 합니다(엡 5:17). 특히 돈의 문제가 중요합니다. 하지만 누구나 돈이 많으면 많을수록 이 세상에서 무엇이든 할 수 있을 것처럼 생각합니다(사 14:12, 왕상 11:3~4). 그래서 많은 사람들이 이미 충분한 재산을 갖고 있음에도 불구하고 조금이라도 더 벌기 위하여 노력합니다(창 14:11~12, 34:29).

이렇게 인간이 돈에 집착하게 되면 자연스럽게 돈이 인간의 마음과 행동을 지배합니다(왕상 11:9). 신이신 하나님은 우리 눈에 보이지 않기 때문에(요 20:29, 약 1:17) 마치 이 세상에서 아무 일도 하지 않으시는 것처럼 보이지만, 돈이란 것은 우리 현실의 삶에서 곧바로 피부로 느껴지는 존재이기 때문에(요 20:25), 강력하게 사람들을 지배하고 돈을 따르게 만듭니다(잠 11:28).

물론 사람들은 돈보다 더 소중한 가치가 존재함을 스스로 어렴풋이 알고는 있지만(행 17:22), 실제로 돈은 이 세상의 최고의 가치로 여겨지며 수많은 사람들의 숭배를 받고 있는 것(출 20:4)이 오늘날의 현실입니다. 우리가 돈의 악한 성질을 정확하게 관찰하고 철저하게 대비하지 않는다면, 자연스럽게 돈의 막강한 힘에 파묻혀서 노예처럼 지배받고 있는 데서 벗어나지 못한 채 끊임없이 방황하게 될 수 있습니다(잠 1:7, 11:4).

본래 돈이란 중립적이며, 오직 하나님의 선한 목적만을 위하여 사용되는 것이 올바르지만, 안타깝게도 돈은 이 세상에서 많은 죄악을 일으키고 있습니다(창 4:24, 11:3~4). 이 세상에서는 돈에 대한 이중적인 태도가 나타납니다. 사람들은 돈을 많이 가진 주위의 부자들을 시기하거나 또는 반대로 존경하기도 합니다(시 73:3, 잠 21:4, 잠 23:17, 24:1, 24:19). 오늘날 현대 사회에서 '돈 많은 부자'는 모든 사람들의 '욕망의 상징'이 되었습니다(눅 18:11). 수많은 사람들이 세속적인 지식만을 열심히 배우고 그러한 지식으로 돈을 많이 벌어서 부자가 되는 것만을 추구하는 데 빠져 살아가고 있습니다(롬 1:25).

애초에 돈은 중립적인 존재이면서도, 인생을 파멸에 이르게 하고 사람의 마음을 지배하는 나쁜 힘을 지니고 있습니다(잠 4:20~23). 돈은 그저 돈일 뿐입니다. 돈이 숭배와 집착이 대상이 되어서는 안 됩니다(출 20:3~5). 돈은 삶의 수단일 뿐 삶의 목적이 되어서는 안 됩니다.

그러므로 우리는 돈의 악한 힘을 경계하고 오히려 돈을 잘 지배하여야 합니다. 돈의 노예가 되는 삶에서 벗어나 돈의 주인이 되어야 합니다(잠 13:22).

'돈'은 다른 말로 '재물'이라고도 합니다. 재물은 헬라어로 '맘모나스'(Mammonas)라고 하며, 영어로는 '맘몬'(Mammon)이라고 합니다. 맘몬은 물질적인 부와 탐욕의 귀신을 뜻합니다. 그래서 우리가 숭배하는 재물을 맘몬이라고도 합니다(잠 11:28). 맘몬의 영 때문에 우리가 돈을 사랑하게 됩니다. 맘몬의 유혹에 많은 사람들이 걸려듭니다(잠 23:5). 우리는 수많은 실업이 발생하고 고용이 불안정한 경제 불황의 시대에 살고 있습니다(전 5:14). 이러한 시대 환경에서 맘몬의 영은 많은 사람들을 공포에 빠트립니다(잠 12:25). 맘몬의 영으로 인해 가난한 사람들은 더욱 가난해질까봐 두려워합니다(마 6:31~32). 반대로, 어떤 부자들은 쾌락과 유흥으로 흥청망청 여기저기 돈을 뿌리며 살고 있습니다. 탐심을 부추기는 맘몬의 영은 끊임없이 사람이 세상에서 여러 가지 권력을 가지려면 일단 돈을 많이 가져야 한다고 유혹합니다. 맘몬의 영은 인간이 우선적으로 의지해야 할 대상이 곧 '돈'이라고 속삭입니다(겔 28:4~5). 맘몬의 영이 우리 삶의 모든 것으로서 절대적인 권력을 갖게 될 때, 하나님은 우리 삶과 함께 하지 못하고 돈에게 밀려날 것입니다(출 20:7).

본인 스스로 이러한 질문들을 던져 보시기 바랍니다. 내가 진정으로 필요로 하는 것은 돈입니까, 하나님입니까?(마 6:33) 내가 결정을 내릴 때 가장 중요한 근거는 돈입니까, 하나님입니까?(눅 16:13) 또는 내가 결정할 때 세상적인 경제 환경을 먼저 살펴보고 결정합니까, 그렇지 않으면 하나님의 뜻을 먼저 구하고 결정합니까?(골 3:1~2, 약 3:15) 내가 지금 현재 행복을 느끼는 이유는 돈 때문입니까, 그렇지 않으면 하나님 때문입니까?'(몬 1:20)

당신은 '돈의 노예'가 되겠습니까, '돈의 주인'이 되겠습니까? 당신이 지금 가지고 있는 돈은 하나님께서 주신 것입니까, 아니면 내가 내 손으로 벌었으니까 '내 것'이라고 생각하십니까? 우리 삶의 주인 자리를 차지

하기 위하여 돈의 신인 맘몬의 영과 참된 신이신 하나님은 서로 경쟁을 하고 있습니다(민 11:4, 신 9:26). 물론 이 세상에서 돈이 중요한 것은 불가피한 사실이지만, 만약 하나님이 계셔야 할 자리에 맘몬의 영이 있다면 우리는 하나님을 숭배하는 것이 아니라 우상을 숭배하는 것입니다(롬 1:23).

성경에 의하면 우상숭배는 죄 중에서 가장 중대한 죄로서 하나님이 가장 싫어하시는 죄입니다(출 20:4, 신 4:16, 5:8). 예수님은 "한 사람이 두 주인을 섬기지 못할 것이니 혹 이를, 미워하며 저를 사랑하거나 혹 이를 중히 여기며 저를 경히 여김이라 너희가 하나님과 재물을 겸하여 섬기지 못하느니라"(마 6:24)라고 분명히 말씀하셨습니다. 우리는 하나님과 재물을 겸하여 섬길 수 없습니다. 다시 말하면, "너희가 '하나님 신'과 '돈의 신'을 더불어 섬길 수 없다"는 것입니다(출 20:3). 하나님은 십계명을 통해 이러한 법을 이미 만들어 놓으셨기 때문에 피조물인 우리는 이 법칙에 반항해서는 안 되며 순종하고 받아들여야 합니다.

하나님은 "은도 내 것이요 금도 내 것이니라"(학 2:8) 고 하셨습니다. 이 세상의 모든 물질은 본래 하나님의 것입니다. '오직 하나님만이 나의 주인이 되신다', '나의 필요를 채우시는 존재는 오직 하나님이시다'라는 것을 확신해야 합니다(시 9:10). 우리가 하나님의 말씀을 따라 결정하면 하나님이 우리의 주인이 되시지만, 만약 돈에 의해서 결정된다면 돈이 우리의 주인이 되어 우리는 돈의 노예가 됩니다(시 27:11).

우리는 돈의 노예가 되어서는 안 됩니다(사 56:11). 돈의 노예에게서는 시기, 질투, 위선, 거짓, 교만, 개인주의, 이기주의, 탐심(시 78:18)과 같은 나쁜 열매만 나타나게 될 것입니다(막 7:22, 롬 1:29). 이런 삶은 하나님의 뜻이 아닙니다. 우리는 돈에 대해 지혜로워야 합니다. 물론 우리는 돈을 벌어야 하지만, 돈벌이 자체에 집착하여 무작정 돈을 쌓아놓기만 해서는 안 됩니다. 우리는 이 세상에서 살면서 돈을 사용할 수 밖에 없지만 최대한 신중하게 절제하면서 돈을 사용해야 합니다(갈 5:23, 딤후 1:7, 벧후 1:6, 딛 1:8, 2:2).

앞에서 살펴보았듯이, 돈은 그저 중립적인 개념입니다(레 19:36). 어떤 사람들은 돈을 무작정 나쁘다고만 생각하기도 하지만, 돈 자체가 문제인 것이 아니라, 돈을 마음속으로 사랑하는 것이 문제입니다(딤전 4:4~5). 성경은 "돈을 사랑함이 일만 악의 뿌리가 되나니 이것을 사모하는 자들이 미혹을 받아 믿음에서 떠나 많은 근심으로써 자기를 찔렀도다"(딤전 6:10)라고 말씀합니다. 돈을 사랑함이 사람을 죄악으로 이끕니다.

돈에 대한 탐욕은 부유함을 가져오기도 하겠지만, 이는 또한 하나님의 뜻에 반하는 악한 길로 이끌 수 있습니다(눅 15:13). 우리가 단지 돈을 버는 데에만 집착한다면 인간의 마음은 하나님보다는 돈의 방향으로 치우치기 쉽습니다(마 19:22). 그러므로 돈이 우상숭배가 되어서는 안 됩니다(출 20:4, 레 26:1). 돈의 신인 맘몬의 영은 언제 어디서나 우리를 유혹하기 때문에 항상 조심해야 합니다. 맘몬의 유혹에 넘어가서 이리저리 끌려 다니는 돈의 노예가 되지 말아야 합니다(신 30:17). 성경은 "의인의 집에는 많은 보물이 있어도 악인의 소득은 고통이 된다”(잠 15:6)라고 말씀합니다.

오히려, 하나님은 하나님이 친히 우리의 주인이 되시어서 우리가 돈의 주인이 되기를 원하십니다. 돈이 우리의 주인이 되는 것이 아니라, 우리가 돈의 주인이 되어야 합니다. 돈은 단지 하나님의 뜻을 이루고, 우리가 삶에서 필요한 것들을 얻기 위한 중립적인 도구일 뿐입니다(눅 16:9). 우리는 돈을 지배하는 방법을 배워야 합니다. ‘성경의 재정’의 핵심은 돈의 노예가 되지 않고 오히려 돈을 노예로 만드는 삶을 사는 것입니다. 우리는 삶의 목적을 하나님의 뜻에 맞추고 하나님이 주시는 지혜를 의지하며(잠 16:21, 약 1:5), 돈에게 지배당하는 것이 아니라 돈을 지배하면서 지혜롭게 살아가야 합니다(잠 11:28).

하나님께서는 원칙적으로 이 세상에서 우리들이 재물을 풍성하게 가지길 원하십니다(전 5:19). 이러한 사실까지 부정할 수는 없습니다. 하나님은 우리를 재정적으로도 축복해 주시길 원하십니다(욥 42:10~12). 그러나 우리가 돈에 쫓기거나 집착하면서 돈의 노예처럼 사는 것이 아니라, 적당한 물질의 소유를 이루면서 하나님의 뜻을 온전히 따르기를 원하십니다(잠 10:17).

하나님은 성경에서 돈을 사랑하는 맘몬의 영에 대하여 계속하여 경고하십니다. 성경에는 돈을 사랑하여 돈을 잘못 다루었던 몇몇 인물들을 소개하고 있는데, 그들은 돈에 대한 기본적인 태도가 잘못되어 있었습니다(수 7:1~26, 행 5:1~11). 그들은 하나님의 말씀에 의한 재정을 버리고 세상의 지혜(창 3:6, 잠 7:7)로 결정하면서 오히려 큰 사고를 내고 말았습니다.

돈의 노예된 상태를 피하는 가장 좋은 방법은 돈에 대한 태도를 철저히 바꾸는 것입니다(계 2:5). 어떤 사람이 돈을 어떻게 사용하는가를 보면 그 사람의 마음의 중심이 어디에 있는가를 알 수 있습니다(신 4:9). 우리는 돈을 버는 것에 대한 올바른 생각과 성품을 갖추어야 합니다(갈 5:22~23). 내가 하나님의 뜻에 맞도록 돈을 벌고 싶다면, 돈에 관한 세속적이고 탐욕적인 생각을 철저히 내버리고 온전히 하나님의 뜻만을 따를 것을 결단해야 합니다(갈 5:16). 하나님은 당신의 진짜 속마음에 더 관심이 많습니다. 깊이 숨겨져 있는 내 마음 속의 탐욕을 버려야 합니다(신 8:17).

예수님은 "지혜 있고 진실한 청지기가 되어 주인에게 그 집 종들을 맡아 때를 따라 양식을 나누어 줄 자가 누구냐"(눅 12:42)라고 말씀하셨습니다. 예수님은 우리에게 올바르고 건전한 청지기적 재정관을 가르치시려고 하셨습니다(벧전 4:10). 우리는 청지기, '관리자'일 뿐입니다(창 1:28, 사 64:8). 우리에게 필요한 것은 청지기 의식입니다.

우리가 현재 가지고 있는 모든 소유물은 본래 하나님의 소유물이라고 생각해야 합니다(신 8:17, 10:14, 레 25:23, 대상 29:11~12, 잠 8:18, 욥 41:11, 시 24:1, 50:11~12). 주인의 것을 내가 대리인이 되어 관리한다는 생각을 할 때는 당연히 실제 주인의 뜻대로만 그것을 계획하고 관리해야 합니다(눅 16:1~10). 무엇보다도 돈 문제에 있어서는 더더욱 청지기적 태도가 필요할 것입니다(눅 16:8).

우리가 돈을 어떻게 다루는가 하는 문제는 우리와

하나님과의 관계에 있어 중요한 기준이 됩니다. 성경은 돈이 우리 인생의 전부가 아니라고 말씀합니다(잠 17:1). 돈은 우리 인생에 있어서 부차적인 것이 되어야 합니다(삼상 12:21). 즉, 하나님보다 돈이 더 중요하게 느껴지는 것은 바람직하지 않습니다(욥 40:9). 우리가 하나님의 창조 목적에 맞게 살아야 하는 것처럼(창 1:28~30), 돈도 본래 창조된 목적대로 사용되어야 합니다. 돈에 집착하여 돈 자체를 목표로 삼아서 쫓아가지 말고 먼저 하나님을 우선 순위에 둔 후에 돈을 다루어야 합니다(잠 19:23).

MERCI

BIBLICAL

FINANCE

제1부 · 제2장

빚의 문제

제 2 장 빚의 문제

오늘날 빚은 매우 일반적이어서 누구에게나 널리 활성화되어 있습니다. 복잡한 현대 사회에서 빚이 있는 사람을 찾는 것은 매우 쉽습니다(삼상 22:2). 주택담보 대출, 학자금 대출, 모기지론, 카드론, 현금서비스 등 채무의 종류도 실로 다양하며 현재도 계속 늘어나고 있습니다. 내가 급하게 돈이 필요한 경우 마이너스 통장을 이용하여 언제든지 쉽게 빚을 질 수 있게끔 되어 있는 세상이 되었습니다. 누구든지 특별한 어려움 없이도 500여만 원 정도는 금방이라도 빌려 쓸 수 있는 것이 가능합니다.

예를 들어 내가 1억 원의 빚을 지고 있어서 은행으로부터 매달 50만 원의 이자를 납부해야만 하는데, 회사에서 매달 100만 원의 월급을 받고 있다고 가정해 봅시다. 매달 50만 원이 이자 납부를 이유로 통장에서 빠져나간다면, 당연히 월급 100만 원 중에서 50만 원만큼은 사용할 수가 없게 됩니다. 내가 1억 원을 대출받는 기간 동안에는 매달 소득에서 50만 원만큼은 먼저 떼어낸 후에 나머지로 생활해야만 합니다. 우리 사회는 너도나도 자연스럽게 빚을 권하는 사회 분위기가 만연하여 있습니다. 순식간에 빚더미에 올라앉아 빚을 갚느라 하루 종일 일만 하면서 심신이 피폐해진 상태로 살아가고 있는 피해자들이 너무도 많습니다(마 18:24~26).

성경에서는 일반적으로 돈을 빌리는 일을 좋게 보지는 않습니다. 하지만 성경은 빌리는 일을 명확하게 금지하지는 않습니다. 다시 말하면, 빚지는 것을 분명하게 '죄'라고 말하지는 않습니다. 빚을 지는 것이 반드시 죄는 아닐 수 있지만, 우리는 빚을 진 그 정도만큼 돈의 노예가 되기 쉽습니다(겔 18:12). 성경은 "빚진 자는 채주의 종이 된다"(잠 22:7)고 말씀합니다. 빚을 지게 되면 채주(채권자, 남에게 돈을 빌려준 자)의 종이 된다는 것입니다. 즉, 채무는 사실상 '돈의 노예'가 되어버리는 상태(신 28:44)라고 말할 수 있습니다. 왜냐하면 채권자는 채무자가 돈을 다 갚을 때까지 채무자에 대하여 부분적인 소유권을 갖게 되기 때문입니다(마 18:25~27). 돈을 빌린 자는 돈을 빌려준 자의 노예와 같은 상태가 되며, 그럼으로써 그 빚 때문에 하나님이 우리에게 뜻하신 계획을 제대로 따르지 못하고 하나님이 주신 기회를 놓치게 될 수도 있습니다(레 26:14).

'성경의 재정'의 기본적인 원칙은 일단 빚을 지지 않는 것입니다. 내가 돈을 빌려야만 하는 분명한 이유가 생겼다 할지라도, 되도록이면 자발적으로 돈의 노예가 되는 상황을 피하는 것이 바람직합니다(느 5:3~5). 경우에 따라서 빚을 져야만 할 부득이한 상황이 생기기도 하지만, 굳이 빚을 지지 않고서 해결할 수 있는 경우도 많습니다. 매우 긴급하고 분명한 필요에 의한 사유 외에 습관적으로 돈을 빌리지 말아야 합니다. 그리고 부득이하게 돈을 빌렸다면 가능한 빠른 시일 내에 빚을 갚아야 합니다(잠 3:28). 성경은 "피차 사랑의 빚 외에는 아무에게든지 아무 빚도 지지 말라"(롬 13:8)고 말씀합니다.

빚 문제를 제대로 해결하지 못하고 계속 시간을 보내면, 결국 내가 돈의 노예가 되어 맘몬 신을 섬기며 살게 될 가능성이 높게 됩니다. '돈이 주인이 된 삶', '돈의 노예가 된 삶'을 살아가게 됩니다. 이것이 바로 하나님께서 가장 싫어하는, 하나님과 재물, 두 주인을 더불어 섬기는 삶이 되는 것입니다(출 20:3). 빚을 지게 되면 하나님의 뜻을 제대로 따르며 나아갈 수가 없습니다(잠 19:21). 빚을 지게 되면 빚으로 인하여 하나님이 나를 통해 일하실 충분한 능력을 상실하거나 어떤 기회를 놓치게 되는 것입니다(삿 16:19~20). 돈이란 것이 본래 하나님이 나에게 맡겨두어 내가 관리하고 있을 뿐인 것임에도 하나님의 것인 돈을 주인되신 하나님의 뜻대로 올바르게 사용할 수 없고, 빚을 지게 되면 채주의 종이 되어서 언제나 일단 빚에 관련된 문제를 처리한 후에야 비로소 하나님의 뜻을 반영할 수밖에 없게 된다는 것입니다(신 28:44). 내게 빚이 많을수록 하나님을 위하여 사용할 수 있는 돈의 양은 적어질 수밖에 없습니다.

우리는 반드시 필요해서라기보다는, 오히려 내가 세속적으로 원하는 욕망을 충족시키기 위하여(골 3:5) 빚을 질 때가 많습니다. 사실 우리가 대부분의 시간을 머무르며 생활하는 주택을 생각해 볼 때, 고액 대출까지 받아서 호화 주택을 구매하여 살아야만 하는 필연적인 이유가 우리에게 있지는 않습니다. 럭셔리한 해외 명품이나 벤츠, 그랜저와 같은 고급 승용차를 보유하고 있지 않으면 살아가는 데 있어 매우 심각한 문제가 생기는 것도 아닙니다. 그럼에도 불구하고 우리는 우리가 욕망하는 것(눅 12:15)을 마치 미래에 반드시 소유해야 하는 것들로 생각합니다. 또는 자기의 생각대로 빚을 얻은 것이면서도, 하나님이 일단 내게 '빚지는 방식'으로 돈을 주셔서 나를 도우시고 계신 것이라고 생각하기도 합니다. 내 생각대로 하나님의 생각을 꿰어 맞추고서 일단 급한 돈 문제를 해결한 후에 하나님의 뜻과 행하심을 막연하게 기대하기도 합니다(마 25:24~25). 이런 경우에 빚은 악하게 쓰이고 있다고 말할 수 있습니다(사 30:10~11, 느 5:4).

하지만 한낱 피조물에 불과한 우리 인간은 하나님처럼 전지전능한 존재가 절대로 될 수가 없기 때문에 이런 막연한 추측이나 예상만을 가지고서 빚을 져서는 안 됩니다(창 3:5). 성경은 “내일 일을 너희가 알지 못하는도다 너희 생명이 무엇이냐 너희는 잠깐 보이다가 없어지는 안개니라”(약 4:14)라고 경고합니다. 내일 무슨 일이 일어날지 전혀 알 수가 없는데(잠 27:1), 어떻게 나중에 빚을 다 갚을 수 있다고 확신할 수 있겠습니까? 하나님은 “먼저 그의 나라와 그의 의를 구할 때 우리의 필요를 채우시겠다”(마 6:33)고 말씀하시기도 하셨지만, 우리의 생각이나 욕심으로 진 빚마저도 깨끗하게 갚아주시겠다고 약속하지는 않으셨습니다.

먼저 오늘부터 절대로 빚을 지지 않겠다는 결단이 중요합니다. 일단 당신이 빚을 지고 있다면 조속히 빚을 갚으려고 노력해야 합니다. 성경은 “네 손이 선을 베풀 힘이 있거든 마땅히 받을 자에게 베풀기를 아끼지 말며 네게 있거든 이웃에게 이르기를 갔다가 다시 오라 내일 주겠노라 하지 말라"(잠 3:27~28)라고 말씀합니다. 빚을 지는 기간을 늦추지 말라는 말입니다. 무슨 수를 써서라도 빚을 빨리 갚아야 합니다. 당장 빚 갚기를 시작하여 작은 빚부터 매일매일 갚아나가야 합니다(몬 1:18~19). 빚 문제를 최우선의 과제로 놓고 빚을 갚기 위한 구체적인 계획을 세워서 모든 노력을 쏟아야 합니다(느 10:29~31).

'성경의 재정'의 기본은 하나님의 관점에서 체계적으로 재정을 관리하는 것입니다(욥 12:13). 하나님이 주신 재정을 잘 관리하고, 채워주신 소득에 맞게 적절하게 생활해야 합니다. 빚의 종류가 많지만 무엇보다도 먼저 신용카드의 사용을 조심하여야 합니다. 신용카드 문화는 우리의 일상생활과 지나치게 친숙해져 있어서 우리가 돈의 노예가 되기 딱 알맞은 환경을 제공합니다. 신용카드의 할부금 제도의 달콤한 유혹 때문에 빚에 대한 경계심이 느슨한 사람들이 많습니다(벧전 5:8). 그러므로 어떤 제품이 지금 내게 반드시 필요한 것인지를 꼼꼼히 따져보는 습관을 들여야 합니다. 이 물건이 바로 지금 구매할 만한 분명한 값어치가 있는 것인지를 내 입장이 아닌 하나님의 입장에서 생각해 보면서 하나님께 구체적으로 물어볼 필요가 있습니다(살전 5:17).

돈을 쓸 때는 항상 예산에 포함되어 있었던 것인지를 확인하고 반드시 필요한 것인지를 검토하는 습관을 들이는 것이 바람직합니다(창 41:39, 출 35:10). 이런 방법으로 최대한 재정을 절약하면서 하나님을 섬기는 일과 이웃을 돕는 일 외에는 되도록 지출하지 않도록 노력합니다(신 15:7). 돈을 벌어 용도에 맞게 사용하고 저축을 실천해야 진정한 복을 받은 재정의 청지기가 됩니다(눅 16:8).

또한 하나님을 따르는 것이 아니라 이 세상을 따랐다는 것을 회개하고 개인적인 소비 습관이나 빚에 대한 관점을 완전히 바꾸기로 결단하여야 합니다(겔 33:11, 잠 1:23, 9:4, 9:16). 빚을 지면서까지 더욱 큰 돈을 얻으려는 세상적인 경제원리를 좇았던 자신의 탐욕적인 마음을 깨닫고 반성하며 하나님의 은혜의 도우심과 용서를 구하여야 합니다(대상 22:19).

하나님은 우리가 돈의 노예가 되기를 원하지 않으시고 하나님께 속하길 원하십니다(요 15:4, 15:9, 고전 7:24, 요일 2:27~28). 만약 우리가 하나님의 뜻과 명령을 따르고 순종한다면 하나님께서 친히 우리의 필요를 충분하게 채워주시겠다고 말씀하셨습니다. 하나님이 우리의 공급자가 되신다면, 우리는 더 이상 자신을 위하여 무엇을 먹을까, 무엇을 마실까를 고민할 필요가 없습니다(마 6:31). 아버지께서는 이 모든 것이 우리에게 있어야 할 줄을 이미 알고 계십니다(마 6:32). 우리는 불가피하게 빚을 지게 될 경우에도 가능한 한 빨리 빚에서 빠져나올 수 있도록 열심히 노력하면서도, 하나님이 우리의 기본적인 생활의 필요를 다시 채워주실 것에 대한 믿음을 붙잡아야 할 것입니다(마 6:33~34).

MERCI

BIBLICAL

FINANCE

제1부 · 제3장

빈자의 문제

제 3 장 빈자의 문제

지금 우리에게는 공허한 메아리 같은, 말하자면 '영성이 충만하다'는 설교 이전에 '기본적인 의식주 해결'이라는 현실적인 주제(잠 30:14)에 대하여 직접적으로 도움이 되는 성경적인 가르침이 절실하다고 생각합니다(잠 1:2~6, 딤후 3:16~17). 여전히 논쟁적인 주제 하나가 있습니다. 세속적인 물질의 욕심을 멀리하며 스스로 되도록 가난한 자(청빈)로 사는 것이 성경적이라는 주장입니다. 이 땅에서 부유해지지 않고 오히려 가난하게 사는 것이 하나님께 경건하고 미덕이 되는 모습으로 생각합니다(마 25:26). 물론 돈에 대한 사랑이 일만 악의 뿌리(딤전 6:10)이고, 재물과 하나님을 겸하여 섬기는 것이 잘못된 것이기는 하지만(마 6:24), 정말로 하나님은 우리가 가난과 궁핍 속에 살기를 원하실까요? 하나님을 올바로 믿고자 하는 사람은 이 땅에서 가난하게 살아야 하는 것일까요?

최소한의 생활이 가능한 최저 생계비는 4인 가족 기준으로 약 120만 원 정도라고 하지만, 이 정도로는 한 가정이 최소한의 문화생활을 누릴 수도 없고 영양 결핍과 가족 성원간 갈등에 시달리게 됩니다(왕상 17:12). 그나마 최저 생계비에도 못 미치는 소득으로 비참하게 살아가는 가정이 우리 주변에 너무 많습니다. 이 땅을 살아가는 동안 인간을 가장 비참하게 만드는 것은 가난입니다(잠 19:4).

가족의 의식주도 제대로 해결하지 못하여 극도의 궁핍함에 빠져있는 생활이 과연 성경적이며 하나님과 더불어 살아가고 있는 삶이라고 할 수 있겠습니까? 무엇보다도, 기본적인 의식주조차 제대로 해결하지 못하는 가난한 상태는 '축복'이 아니라 '저주'로 보는 것이 더

합리적일 것입니다. 가난은 결코 아름다운 모습이 아닙니다(잠 19:4). 가난한 것은 성경적이지 않습니다. 성경은 결코 가난을 찬양하거나 권면하지 않습니다. 성경에 의하면 가난은 죄의 결과이자 마귀의 일입니다. 성경의 욥이 하나님의 특별한 계획이 있어 거부에서 극빈자가 되었다고 하여, 욥의 가난한 상태를 하나님이 주신 복으로 생각할 수는 없습니다(욥 2:7~8).

하나님은 우리가 가난한 자들을 도울 것(출 23:11)을 명령했을 뿐입니다. 하나님은 결코 우리가 가난하게 사는 것을 원하지 않으십니다. 만일 자신의 신념을 위해서 자발적으로 가난하게 산다면 그것은 그 사람의 뜻일 뿐(잠 21:25), 하나님의 뜻이 아닙니다. 그리고 그런 생각을 가진 사람은 그만큼 하나님이 뜻하신 일을 제대로 수행할 기회를 스스로 박탈하는 것이라고 말할 수 있습니다(잠 13:4). 내 욕심을 채우기 위해 물질축복을 얻어 보려는 진짜 기복신앙에 빠져서도 안되지만, 그렇다고 해서 부유해지는 것을 극단적으로 외면하거나 이 세상에서 돈을 벌려고 열심히 노력하지 않는 태도 역시 하나님의 뜻을 거스르는 일입니다(잠 6:6, 6:9, 10:26, 21:25).

가난한 삶에 타성이 붙어서 무감각하게 사는 사람은 돈 자체를 죄악시하여 나쁘게 보면서도 실제로는 돈이 없으므로 궁핍하고 피폐한 삶을 살아갑니다. 당장 배가 고파도 제대로 일을 하려 하지 않는 이런 사람들은 극심한 가난이 계속되면 적당히 돈이 어디에서 자신에게 굴러들어 오는지만 기대하기 때문에 사람이 비굴해지고 나약해집니다(잠 19:7). 가난은 성격을 사납게 만듭니다(잠 14:20). '쌀독에서 인심이 난다'는 속담도 있습니다. 현재의 가난에 익숙해져서 '그저 이 상태로 적당히 체념하고 만족하며 살겠다'(잠 26:15~16)라고 하는 '자족'의 마음은 아름다운 미덕이나 가치라기보다는 오히려 현실 도피적이고 이기적으로 느껴집니다(잠 26:13).

만약 하나님이 가난을 원하셨다면, 가난한 자들을 그대로 가난하게 놓아두지 왜 그들을 도와주라고 말씀하셨겠습니까?(잠 19:17) 가난을 위한 가난, 최소한의 생계유지마저도 극심한 어려움을 겪는 가난은 무지하고도 무의미한 가난입니다(잠 19:7, 20:4, 20:13). 성경이 금지하는 것은 돈에 집착을 갖고 탐욕스러운 마음으로 부자가 되려고 하는 것을 말하는 것이지(잠 23:4), '성경의 재정'에 의해 부자가 되는 것까지 금지하지는 않습니다(잠 22:2).

오히려 하나님은 하나님의 뜻을 잘 따르는 사람을 부자로 만드십니다(잠 21:5). 그리고 일단 내가 부유한 상태여야만 마음도 부유해져서 가난한 사람을 돕고 싶은 마음이 생깁니다(잠 19:6). 가난하고 어려움에 처한 자들을 돕기 위해서라도 일단 내가 물질적 풍요를 누리고 있는 것이 합당하지 않겠습니까?(잠 22:7)

맘몬의 영의 위험성을 지나치게 경계한 나머지 아예 이 땅에서 가난하게 사는 것이 올바르다고 주장하는 사람들은, 돈을 얻기 위하여 하나님께 기도하는 것 자체를 전부 다 '기복적인 신앙'이라고 비난하거나 금기시하기도 합니다. 가난해야만 하나님을 잘 믿는 것이라고 주장하는 사람들은 일반적으로 "낙타가 바늘귀로 들어

가는 것이 부자가 하나님의 나라에 들어가는 것보다 쉬우니라”(마 19:23~24)와 같은 몇몇 성경 말씀 때문에 물질에 대해 부정적인 견해를 가지려 하는 것입니다. 그래서 ‘예수를 올바로 믿는 사람은 부자로 살면 안 된다’ 또는 ‘경건한 신자는 물질과는 담을 쌓아야 한다’와 같은 생각을 합니다.

하지만 ‘구더기 무서워 장 못 담그랴’라는 속담도 있습니다. 그러니까, 부자가 되면 거의 대부분 교만해져서 타락하기 때문에(잠 19:1, 21:6, 약 5:1~5) 아예 처음부터 내가 부자가 될 수 있는 기회의 가능성의 싹마저 없애버리겠다는 극단적인 생각(잠 26:16)이 과연 올바른 생각일 수 있을까요? 설령 내가 부자가 되었을지라도 계속하여 하나님께 겸손하고 정직하며 말씀대로 순종하여 산다면 문제되지 않는 것 아니겠습니까?(대하 1:11~12) 성경에서 어떤 경우는, 물질의 풍성함이 하나님의 복을 받은 것이라고 말합니다. 물질 자체는 중립적입니다. 세상적인 부유함은 악한 마귀로부터 올 수도 있지만, 하나님으로부터 올 수도 있습니다(잠 3:9). 하나님은 "네게 재물 얻을 능을 주셨다"(신 8:18)고 말씀하시면서 이스라엘 백성에게 부유해 질 수 있는 능력을 주셨습니다. 성경에는 부유하였으나 얼마든지 하나님 보시기에 순전한 믿음을 지키며 하나님과 더불어 함께 살았던 부자 신앙인들을 찾아볼 수 있습니다(창 12:1~2, 욥 42:10~17). 아브라함에게는 가축과 은과 금이 풍부했습니다(창 12:1~2, 13:2). 이삭은 하나님의 축복으로 농사를 지어 큰 부자가 되었습니다(창 26:12~13). 욥이 가난해지기 이전과 이후의 많은 재산은 하나님의 축복으로 이루어진 것입니다(욥 1:3).

많은 사람들이 구약과 신약은 다른 이야기를 한다고 생각하지만 사실은 그렇지 않습니다. 대부분 '구약적인 물질축복'을 받았던 구약의 인물들이라고 해서, 구약의 말씀이 신약의 말씀과 완전히 다르거나 서로 관계가 없다고 생각하는 것도 잘못된 이해입니다. 이 땅에서도 물질적으로 풍성한 삶을 성경의 신구약 모두 긍정합니다(대하 9:22). 이런 점에서는 빈자보다는 부자가 하나님의 복을 받은 삶임을 알아야 합니다. 물론 하나님이 누구를 선택하시어 물질축복을 주시고 부자로 만드셔서 나중에 그를 하나님의 뜻대로 사용하실지, 우리 인간의 입장에서는 명확하게 알 수 없습니다(삿 13:5~7). '기왕이면 다홍치마'라고, 가난하게 쓰임받는 것보다는 부하게 쓰임받는 것이 그래도 훨씬 낫다고 볼 수 있지 않겠습니까?(잠 18:10~11)

우리 인간은 영혼과 육체(물질)로 이루어져 있습니다(요삼 1:2). 만약 우리가 '영혼은 선하고 물질은 악하다'라고 본다면, 영지주의적이고 이원론적인 해석입니다(고전 15:39). 그러나 성경적으로 올바른 해석은 영혼과 육체 모두가 선하다고 보며 이러한 축복은 영혼육의 모든 축복을 말합니다(고전 15:42~44). 물론 종교의 본질로 볼 때에는 영적인 것이 육체적인 것보다 더 귀중한 것은 사실이지만(고전 15:50), 그렇다고 해서 육신적인 것을 무시하는 이원론적인 사고는 매우 위험한 것입니다(고전 15:39). 영혼과 육체를 동시에 지니고 있는 사람이 현재 극심하게 가난하다면 이 순간 가장 긴급한 것은 육체적 요구이지 영적 요구가 아닙니다(눅

24:41~43).

우리는 본질적으로 귀중한 것과 당장 긴급하게 해결해야 할 것을 구분할 줄 알아야 합니다. '사흘 굶어 남의 담장 넘지 않는 사람 없다', '목구멍이 포도청이다'라는 속담도 있습니다. 하나님은 배고팠던 사르밧 과부를 먹이셨습니다. 한 끼에 불과한 사르밧 과부의 밀가루 한 줌과 소량의 기름으로 모자와 선지자 엘리야가 3년 반 동안 배부르게 먹을 수 있었습니다(왕상 17:8~16). 또한 예수님도 오병이어의 기적을 일으키시어 끼니를 굶은 사람들을 일단 먹이신 후에 말씀을 전하셨습니다. 오병이어는 어린이 한 명의 한 끼 식사량인데, 예수님은 오병이어의 기적을 통하여 성인 남자들만 5,000여 명을 배불리 먹이셨습니다(마 14:13~21). '가난하게 사는 것이 하나님의 뜻이다'라는 극단적인 생각은 분명히 잘못된 것입니다(잠 10:15).

하나님은 일반적으로 그가 하나님을 믿든지 안 믿든지 간에, 그가 하나님을 따르든 따르지 않든 간에, 돈을 벌어서 부자가 될 수 있는 능력을 주셨습니다(롬 1:19,

마 5:45). 우리는 하나님을 믿지 않음에도 불구하고 돈을 많이 번 부자들을 볼 수 있습니다(스 1:1~11). 혼탁한 이 세상에서는 오히려 남을 잘 속이는 사기꾼이 부자 되기가 더 쉽습니다. 부의 능력은 세상 모든 사람에게 부여하신 하나님의 일반적인 은혜입니다. 누구든지 일반 은혜를 받은 자로서 일터에서 인정받고 돈을 계속 벌기 위하여 성실한 자세로 일하고 끊임없이 노력해야 합니다(잠 10:4, 11:16). 또한 더 좋은 직업의 기회와 더 큰 소득을 얻을 수 있는 능력 계발을 게을리해서는 안 됩니다(창 41:39~41). 누구나 이 치열한 무한경쟁의 시대에서 하루 종일 한 푼이라도 더 벌려고 뛰어다녀야 합니다(잠 30:24~25, 31:16~18). 공부도 더 잘 하고, 영업도 더 열심히 하는 등, 이 세상의 모든 일에 최선을 다하며 혁신하고 발전하려고 노력해야 합니다(단 2:48~49).

이런 관점에서는 내가 부자가 되려고 노력하고 열심히 인생을 사는 것도 하나님이 원하시는 긍정적인 뜻이요, 성경적 원리라고 할 수 있습니다(잠 10:4). 대표적으로, 성경에 이와 관련한 달란트 비유가 있습니다. 주인에게 각각 다섯 달란트와 두 달란트를 받은 종은 세상에서 열심히 일하여 재산을 두 배로 불려서 주인에게 칭찬을 받았는데(마 25:14~23), 한 달란트를 받았던 게으른 종은 받은 재산을 그대로 땅에 묻어두고 아무 일도 하지 않음으로서 가지고 있던 한 달란트마저 빼앗긴 후 내쫓기고 맙니다(마 25:24~30).

성경은 또한 먹이를 성실하게 저장하는 근면한 개미를 이야기합니다(잠 6:6~8). 열심히 일하는 개미와 달리, 베짱이처럼 게으른 사람은 자연스럽게 어느 순간 재정적으로 파산에 이르게 되어 있습니다(잠 13:4). 그런 사람은 열심히 일하기보다는 웬만하면 차라리 쉬려고 하는 게으르고 태만한 사람입니다(잠 19:24). 무언가 가치 있는 것을 할 수 있을 때, 충분히 돈을 벌 수 있을 때, 그저 게으르게 누워서 잠만 자려는 태도는 비판받아야 마땅합니다(잠 6:9~11, 20:13). 그런 자들의 마지막은 분명합니다. 빈곤과 궁핍한 상태에서 벗어나지 못하는 가난한 삶입니다(잠 10:15, 19:15, 21:5).

MERCI

BIBLICAL

FINANCE

제1부 · 제4장

기복신앙의 문제

제 4 장 기복신앙의 문제

앞서 우리가 함께 살펴본 내용이 '돈을 되도록 가지지 않도록 해야 한다'(잠 15:16~17, 16:8, 17:1, 28:6)라는 주장이었다면, 이번 장에서는 '돈을 되도록 많이 가지도록 해야 한다'(잠 18:11, 19:7)는 주장을 다루어 보겠습니다. 후자의 관점은 기복신앙으로 흘러갈 위험이 높습니다. 오늘날 많은 사람들이 겉으로 드러나지 않을지는 몰라도, 적어도 돈 문제에 있어서만큼은 일단 자기 마음대로 처리하려고 합니다. 물론 그런 사람들은 '내 삶의 주인 되시는 분은 하나님'이시라고 고백하기는 합니다. 그러나 돈 문제에 관해서만은 예외를 두고 스스로의 생각대로 돈을 벌고 관리하려는 태도가 있습니다. 이런 태도가 정말로 '내 삶의 주인은 하나님'이신 상태가 분명하다고 말할 수 있는 것일까요?

돈을 더욱 많이 가지고자 하는 욕망에는 세상에서 자신을 드러내고자 하는 욕망이 숨겨져 있습니다(신 8:17). 하나님은 언제나 모든 이에게 알맞은 정도의 물질을 주시지만, 하나님께서 허락하신 정도에 만족하지 않고 쓸데없이 더 많은 물질을 구하려는 것은 교만한 것일 수 있습니다. 인간인 자신을 하나님보다 위에 두고자 하다가(사 14:12~14) 오히려 돈의 노예로 빠져 들어가는 상태일 수 있습니다.

흔히 '하나님 일을 위해서 내가 돈을 많이 벌어야 한다'는 신앙적 고백이 믿음이 아주 좋은 것처럼 여겨지기도 합니다. 그러나 자칫 잘못하다가는 '하나님을 잘 이용해서 돈을 좀 벌어 보자'는 식의 은밀한 속마음의 태도로 흘러가기가 매우 쉽습니다(잠 21:2). 하나님이 나에게 세속적 형통과 물질축복의 큰 은혜를 약속하셨고 내가 이 물질로 하나님의 일을 크게 할 것이기 때문에, 어떤 방식으로든 돈을 추구하는 것은 아무 문제가 없다고 확신하고서는 하나님을 이용해서 은밀하게 잘못된 행동과 범죄를 저지르기도 합니다(수 7:1~26, 행 5:1~11).

현대 사회는 하나님을 겸손하게 섬기기 위해 돈을 사용하라고 가르치지 않고, 오히려 돈을 크게 얻기 위해 하나님을 이용하라는 분위기가 만연해 있는 것 같습니다(딤전 6:9). 이 세상에서는 인생의 궁극적인 목적을 돈에 두기 때문에 이러한 기복적 생각이 자연스러운 신앙관인 것처럼 되고 말았습니다.

성경에 나오는 재정에 대하여 가르친다는 일부 유명한(행 8:9) 책들도 자세히 들여다보면 여전히 세상적 욕망을 버리지 못한 대중의 취향을 반영한 재정관이 교묘하게 섞여져 있음을 목격하게 됩니다(마 7:15). 물론 전부 다 잘못된 내용으로 채워져 있다라고는 할 수 없지만, 여전히 인간의 물질적 욕망과 타협하여 한층 더 맘몬의 영을 따르도록 유도하는 것 같습니다(요일 4:1).

돈이 다 떨어졌는데 잔뜩 빚을 져서 돈이 긴급할 때,

그들의 강의 내용을 충실히 공부하면 누구든지 순식간에 신용을 회복하고 돈을 많이 벌 수 있다고 주장합니다. 가난을 극복하고 부자가 되면 무조건 만사형통하게 된다(요삼 1:2)고도 합니다. 오늘날 종교인, 비종교인을 막론하고 '긍정의 힘', '잘되는 나', '적극적 사고방식'과 같은 생각이 널리 퍼져 있습니다. 어떤 사람들은 매일 아침 거울을 바라보면서 '오늘 나는 잘 될 것입니다', '나는 부자가 됩니다' 등을 반복하라고 권합니다. 물론 이러한 자기암시나 마인드콘트롤이 무조건 다 나쁘고 잘못되었다는 말은 아닙니다. 당연히 우리는 오늘 하루도 긍정적으로, 적극적으로, 모든 일이 잘 되기를 바라면서 살아가는 것이 바람직합니다. '긍정의 힘'이란 것이 일부 좋은 점을 가지고는 있지만, 이런 생각에는 여전히 치명적인 오류가 숨겨져 있는 것 같습니다.

여기에는 하나님을 이용해 보려는 매우 교묘한 미혹이 있을 수 있습니다. '긍정의 힘'은 하나님을 믿는다고 말하고는 있지만, 사실상 하나님의 뜻이 아니라 인간인 나의 뜻을 추구하게 합니다. 하나님이 주인이 아니라, 사실상 내가 주인입니다. 하나님이 내가 부자가 되는 것을 정말로 원하시는지에 대한 관심은 없고, 단지 내가 이제부터 부자가 되고 싶은 욕망으로, '하나님이 앞으로 나에게 물질축복을 주신다'는 개인적인 응답을 받았다고도 주장합니다. 복의 근원이 '하나님'으로부터 출발하는 것이 아니라, 인간인 '나'로부터 출발합니다. 우리도 깊은 속마음으로는 여전히 그런 것이 아닌지 점검할 필요가 있습니다(잠 21:2). 하나님을 이용해서 '이제는 돈을 좀 벌어 보자!' 이렇게 생각하지는 않습니까? 이런 마음속 생각이 성경에 반하는 기복주의가 아니겠습니까?

이러한 주장은 하나님의 말씀과 뜻보다는 심리학적으로 막연한 부와 행복에 대한 환상을 조장합니다. 단지 자신의 마음의 태도만 긍정적으로 바꾸고 무엇이든 잘 되고 있다고 생각하면 정말로 모든 것이 다 잘 되는 것처럼 유혹합니다. 그래서 극빈자 중에도 기복주의자가 생기게 됩니다. 게으른 사람이 실제로는 아무것도 제대로 하고 있지 않으면서 단지 마음가짐만 긍정적으로 가진다면, 마치 자신이 이미 세상적으로 성공했거나 성공을 향해 올바로 가고 있는 것처럼 착각할 위험이 있습니다. 그러나 우리는 어디까지나 세상 현실을 직시할 필요가 있습니다. 내가 돈을 벌기 위해 실제로 열심히 하지 않고 있는데, 어떻게 긍정적인 마음만 가진다고 해서 자동적으로 돈이 나에게 굴러들어오겠습니까?

기도와 봉사를 열심히 하고 종교 활동을 성실히 하고 있다는 종교인들(눅 18:11~12)을 우리 주변에서 흔히 볼 수 있음에도 그렇게 살고 있지 않은 세상 사람들보다 잘 살고 있지는 않음을 우리는 잘 알고 있습니다. 종교인들이 특별히 고위직에 많은 것도 아니고(창 41:41, 단 2:46~49), 영업이나 투자에서 고수익을 올리면서 일반인보다 탁월한 성공의 길을 가고 있는 것도 아닙니다. 이론적으로는 하나님을 믿고 있으니까 당연히 부자가 되고 부유하게 살고 있어야 한다고 생각할 수도 있습니다. 하지만 만성적인 적자에 시달리다가 눈물을 흘리며 폐업하는 사장이나(막 13:8), 경제적인 어려움으로 미래에 대한 희망 없이 방황하는 N포 세대 젊은이들(창 43:1)은 종교인이든 비종교인이든 간에 이 세상에서 동일하게 목격하게 됩니다.

그래서 우리는 먼저 '하나님을 믿는다'는 것이 반드시 이 세상에서 누구든지 큰 물질의 축복을 얻게 되는 '보증수표'와 같은 것은 아님을 생각해 보아야 합니다. 인간의 욕심으로 하나님께 돈을 구하기 때문에 받지 못합니다(약 4:3). 또한, 모두 다 자신을 종교인이라고 말한다고 해서 다 참된 종교인은 아닐 수 있습니다. 많은 이들의 종교적인 생활과 신앙관은 사실은 성경적으로 올바르지 않은 경우가 매우 많습니다(호 6:3). 그 중 하나가 하나님의 뜻을 올바로 따르지 않으면서도 따르는 척만 하는 기복신앙입니다(마 7:21). 어떤 종교인은 겉으로는 믿음이 좋은 듯 보일 수 있으나 마음 속으로는 기복신앙을 품고 있을 수 있습니다. 기복신앙은 성경을 올바로 깨닫지 못하여 세상 속에서 건전한 신앙으로 바로서지 못한 채, 결국은 세상과 동일한 재정관으로 살아가고 있는 그릇된 신앙입니다(왕상 3:9, 롬 12:2).

그러므로 돈에 대한 하나님의 뜻을 정확하고 올바르고 건전하게 아는 것이 매우 중요합니다(딤후 2:15, 요일 4:1). 성경적이지 않으면서도 성경을 이용하여 세상적인 물질축복과 성공을 이루어 보려는 기복신앙적 메시지에 결코 현혹되어서는 안 됩니다(약 1:14, 요일 3:7, 4:6, 요이 1:7). 맹목적인 어리석음과 미련한 신념을 견고한 믿음이라고 생각하여 세상 현실에 반영하다 보면 결국 실패와 좌절을 맛보게 됩니다(시 107:17, 잠 1:7).

우리는 교묘한 기복신앙을 벗어나기 위하여 성경이 돈에 대하여 어떻게 말하고 있는지를 명확하게 이해하기 위해 노력해야 합니다(히 5:14). 성경을 통하여 세상을 다스리시는 하나님의 원칙을 올바르게 배울 때 올바르게 돈을 벌 수 있습니다(딤후 3:16~17). 물론 원칙적으로는, 하나님은 우리가 이 땅에서 물질축복을 받아서 부자가 되기를 원하십니다(전 5:19). 그러나 성경을 통한 하나님의 이러한 약속은 단순히 '여러분 모두 다 부자 되세요!'가 절대 아닙니다(요삼 1:2, 롬 12:3~4). 하나님의 관점에서 부자 됨의 원리는 인간으로부터의 뜻이 아닌, 전적으로 하나님으로부터의 뜻에 맞추어 있기 때문에 당연히 인간의 욕심을 따라서 돈을 구하였던 사람들은 부자가 되지 못하며 결국 헛되고 실망스런 결과만을 거두게 됩니다(잠 28:22, 약 4:3).

그렇다면 하나님이 좋게 생각하시는 부자의 자격 조건을 얻기 위해서는 어떻게 해야 하겠습니까?(빌 1:27) 일단 '성경의 재정'을 정확하게 아는 것이 대단히 중요합니다. 돈에 대한 하나님의 뜻을 올바르게 알아야 합니다(사 55:8, 골 1:10). 돈은 악을 따르는 대신 성경 속의 하나님을 따라야 합니다(잠 16:17). 중립적인 성질을 가진 돈은 하나님을 인정하지 않는 사람들에게는 죄의 도구로 쓰이지만, 하나님을 인정하는 사람에게는 선한 도구로 쓰일 수 있습니다(잠 13:22~23). 그러므로 내가 먼저 하나님을 올바르게 믿고서 순종하며 따른다면, 자연스럽게 부자가 될 만한 기본적인 자격 조건은 갖추고 있다고 말할 수 있습니다(창 6:9).

그러나 하나님은 기복신앙이 주장하는 것처럼 무작정 우리에게 돈을 가져다주는, '알라딘의 요술램프' 같은 존재가 아니십니다(전 3:14). 우리는 주인이신 하나님의 지시에 따라 돈을 관리하도록 부름을 받은 청지기일 뿐입니다(눅 12:42). 우리는 하나님을 섬기기 위하여 돈을 사용해야 하며, 돈을 얻기 위해 하나님을 이용해서는 안 됩니다(딤 1:7, 벧전 4:10). 모든 필요의 공급자가 하나님이심을 믿어야 합니다(마 6:33). 모든 일에 하나님의 뜻을 따라 순종하며 살아야 합니다(왕하 23:3, 대하 34:31). 무슨 일을 결정할 때 내 맘대로 내 뜻대로 결정하지 않고 하나님의 뜻을 생각하여 결정합니다(엡 6:18, 빌 4:6). 이것이 바로 하나님만이 나의 주인이 되게 하며 돈을 노예로 부리는 삶입니다. 우리는 하나님의 돈을 위탁받아 관리하는 사람일 뿐이라는 사명의식을 가지고서 돈을 사용해야 합니다(창 1:27~28). 돈을 하나님 소유가 아닌 내 소유로 생각할 때, 돈에 대한 유혹이 계속 생기고, 돈을 더욱 탐하려 하며, 돈을 풀어놓아야 할 때 인색하게 되는 것입니다(신 30:17, 마 13:22, 눅 22:40, 엡 4:14).

그래서 우리는 우리의 관점과 태도를 바꾸어야 합니

다(엡 4:22). 모든 것은 전부 다 창조주 하나님의 것입니다(시 24:1). 이 세상 만물의 주인이 하나님임을 믿는다면 자신이 하나님의 선한 청지기라는 마음가짐으로 돈을 씁니다(딛 1:7). 성경은 우리에게 하나님께서 주신 것을 잘 관리하는 선한 청지기로서 살아가라고 명령합니다(벧전 4:10). 내가 일을 해서 정당하게 얻은 소득일지라도, 세상 만물의 창조주와 소유주 되시는 하나님이 허락하여 주신 소득으로 생각하고 나의 모든 재산을 하나님의 소유물로 인정해야 합니다(말 3:8~9, 신 8:17, 잠 8:18, 욥 41:11, 시 24:1).

'내 돈'이란 것은 없으며, '내 돈'이라고 생각했던 것은 착각에 불과합니다. '하나님의 돈'입니다. 우리에게는 성실하고 신실하게 그분의 돈을 관리하고 있다는 생각이 필요합니다(잠 27:23~24). 우리는 돈을 사랑해서는 안 되며 하나님에 앞서서 돈을 선택해선 안 됩니다(히 3:13). 우리의 모든 재정은 하나님의 것이고, 우리는 '청지기'일 뿐이라고 성경은 분명히 말씀합니다(창 1:26~27). 따라서 우리는 우리에게 맡겨진 재정을 철저하게 성경적인 원칙에 따라 관리해야 합니다(눅 16:8).

하나님이 주신 수입을 철저하게 관리하면 자연스럽게 나중에 더 부유하게 되는 것이 건전하고 성경적인 규칙이지만(빌 4:19) 이러한 원리를 무시하고 적당히 편법을 동원하여 돈을 얻으려 하거나 무작정 대박이 터뜨려지기만을 바라는 기복신앙은 '악마의 유혹'입니다(잠 1:10~15, 9:17, 28:20). 그러므로 하나님이 내 삶의 주인이 되시고 맘몬이 주인이 되지 않게끔 삶의 모든 것이 하나님이 소유주이심을 인정하는 신앙생활을 해야 합니다(출 20:2).

하나님은 우리의 모든 것을 채워 주실 것을 약속하십니다. 성경은 "나의 하나님이 그리스도 예수 안에서 영광 가운데 그 풍성한 대로 너희 모든 쓸 것을 채우시리라"(빌 4:19)라고 말씀합니다. 하나님은 그분의 자녀들의 필요를 충족시켜 주십니다(마 6:8). 하나님은 당신이 재정적으로 무엇이 필요한지 이미 다 알고 계십니다(눅 12:30). 하나님께서는 우리가 그분이 주신 재물을 적절하게 잘 관리할 수 있는 지혜와 더불어 우리의 필요를 채우시는 분이십니다(마 6:32). 예수님은 "너희는 먼저 그의 나라와 그의 의를 구하라 그리하면 이 모든 것을 너희에게 더하시리라"(마 6:33)고 말씀하셨습니다. 하나님은 40년 동안 이스라엘 백성에게 만나와 메추라기를 공급하셨으며(출 16:13~18), 예수님은 오병이어로 5,000명을 먹이셨습니다(마 15:32~38).

인간의 소비를 결정하는 기준은 돈의 많고 적음이라기보다는 마음속 욕망입니다(잠 4:23, 13:23). 누구나 현재 가지고 있는 재산으로 살 수 없는 것을 사려고 하는 욕망을 갖고 있기 때문에, 그 욕망의 정도만큼 돈을 분별있게 생각하기 어렵습니다(레 10:10, 신 32:28, 겔 44:23). '어떤 것'이 내게 기본적으로 필요한 것인지, 아니면 나의 욕망을 충족시키기 위해 필요한 것인지 구분하려고 노력해야 합니다. 때때로 하나님은 우리의 세상적 욕망을 채워주실 수도 있지만, 항상 그렇게 해 주신다고 볼 수도 없습니다.

사람에게 몇백 억의 재산이 있다 해도, 죽을 때가 되면 그 재산을 다 쓰지도 못하고 죽습니다(전 5:15). 영원히 갖고 있지도 못하는 큰 돈을 어떻게든 한 번 가져보려고 몸 건강을 해쳐가면서까지 돈이 나올만한 온갖 편법을 구상하고, 단지 일확천금을 얻어보기 위하여 세상의 일에 집착하는 것은 결코 하나님의 뜻이 아닙니다. 성경은 "돈을 사랑하는 자는 돈으로 만족함이 없고, 풍부를 사랑하는 자는 소득으로 말미암아 만족함이 없다"(전 5:10)라고 말씀합니다. 돈이 많아봤자 통장에 숫자 '0'이 몇 개 더 붙어있는 것만 눈으로 확인할 수 있을 뿐입니다. 적당한 재산을 가진 자는 돈이 많든지 적든지 잠은 달게 자는데, 부자는 돈이 많아 누가 내 돈을 빼앗아 갈 걱정에 잠이 잘 오지 않습니다(전 5:12).

성경은 "너희가 먹을 것과 입을 것이 있은즉 족한 줄로 알 것이니라"(딤전 6:8)라고 말씀하기도 합니다. 이런 점에서 극심한 가난에 체념하는 '자족'은 좋지 못한 것이지만, 기복신앙에서 벗어나기 위한 '자족'은 건전하다고 볼 수 있습니다(전 4:13, 고후 6:10). 건전한 자족은 "나로 가난하게도 마옵시고 부하게도 마옵시고 오직 필요한 양식으로 내게 먹이시옵소서 혹 내가 배불러서 하나님을 모른다 여호와가 누구냐 할까 하오며 혹 내가 가난하여 도적질하고 내 하나님의 이름을 욕되게 할까 두려워함이니이다"(잠 30:8~9)라는 말씀과 일맥상통하는 마음입니다.

또한 하나님은 어떤 한 사람이 갖춘 능력의 그릇대로, 일을 감당할 만한 능력의 한계대로 주십니다(롬 12:3~4, 29~31). 토기장이 되시는 하나님은 진흙인 우리를 마음대로 빚으시어 다양한 토기를 만들 권한을 가지고 계십니다(롬 9:20~21). 우리는 돈을 벌어 부자가 되기 위하여 최선을 다해 자신의 능력을 높이고 열심히 일하면서 노력하는 것도 바람직한 일이라고 할 수 있겠지만, 한편으로는 부자가 되는 것조차도 하나님의 고유한 절대주권적 선택과 능력에 달려 있기에 우리는 하나님의 전적인 계획하심에만 온전히 순종하며 자신의 현재의 능력과 재산 규모에 자족하는 마음으로 살아갈 필요가 있습니다(욥 41:1~11).

MERCI
BIBLICAL
FINANCE

제1부 · 제5장

부자 솔로몬의 인생

제 5 장 부자 솔로몬의 인생

솔로몬은 지혜와 부귀의 왕으로 매우 유명합니다(왕상 10:13-29). 솔로몬은 이스라엘의 왕들 가운데서도 가장 큰 번영을 누린 부자로 알려져 있습니다. 솔로몬 왕이 누린 부유함은 세상의 모든 왕들을 능가했습니다. 솔로몬 왕은 아버지 다윗 왕이 생전에 지으려고 했으나 짓지 못한 예루살렘 성전을 완성하기도 했습니다.

하나님을 믿지 않는 사람들에게서도 솔로몬은 지혜의 상징적인 인물입니다. 솔로몬의 지혜는 한 명의 아이를 가지고 다투는 두 여인 앞에서 아이를 반으로 나누도록 하라고 재판함으로써 진짜 어머니를 찾아 낸 이야기를 통해서도 매우 잘 알려져 있습니다(왕상 3:16~28). 솔로몬의 지혜는 하나님에게서 직접 받았습니다. 하나님을 믿는 누군가가 부를 누리고 있다면 그 부는 분명한 하나님의 은혜이며 또한 여기에는 분명한 하나님의 목적과 이유가 있다는 것을 알아야 합니다. 사실 솔로몬은 하나님께 자기 자신을 위한 부유함을 구하지 않고 다만 '지혜'를 구하였습니다. 솔로몬은 하나님께 다른 것이 아닌 그저 나라와 백성을 잘 다스리고 선악을 분별할 수 있는 지혜를 달라고 했을 뿐이었습니다(왕상 3:9). 하나님은 이 땅의 물질에 대한 탐욕을 절제할 줄 알고 단지 지혜만을 구하는 솔로몬을 기특하게 여기고 칭찬하면서 지혜뿐만 아니라 그가 바라지도 않았던 부유함까지 주겠다고 약속하셨습니다(왕상 3:12). 하나님은 "솔로몬 이후로 그와 같은 지혜를 가진 자는 없을 것"(왕상 3:13)이라는 극찬까지 마다하지 않았습니다. 이렇게 솔로몬은 지혜의 축복과 부의 축복을 동시에 받았습니다.

솔로몬 시대 당시의 큰 부와 번영은 그가 혼자서 만들어 낸 결과가 아니라 하나님이 그와 함께 하셨고 또한 과거의 아버지 다윗 왕이 하나님과 함께 하였기 때문이었습니다. 솔로몬의 부와 재물은 아버지 다윗이 물려준 것입니다. 다윗은 평생 모은 재산을 고스란히 솔로몬에게 물려주었습니다. 금 10만 달란트, 은이 100만 달란트, 놋과 철 등, 헤아릴 수 없을 정도의 많은 재산을 아들 솔로몬에게 물려주었다고 합니다(대상 22:14). 이렇게 다윗 시대에 다져진 것을 기반으로 하여 솔로몬은 좀 더 쉽게 번영할 수 있게 된 것입니다. 솔로몬이 통치하던 시대에 이스라엘은 최대의 전성기를 누렸습니다.

우리는 이를 통해 아버지가 가졌던 부의 축복이 자연스럽게 자녀의 부의 축복으로 흘러간다는 것을 알게 됩니다. 우리가 부를 창출할 때는 일단 먼저 과거로부터 존재하여 왔던 현재의 기반이 건강한지, 안정적인지를 살펴보아야 할 것입니다. 기존에 가지고 있는 부의 기반이 튼튼하다면 돈을 버는 것도 더욱 수월해 질 수 밖에 없습니다.

솔로몬은 태평성대를 이루었으며, 하나님께 지혜를 구하여 온 세상에 명성을 떨쳤을 뿐만 아니라 엄청난 부귀영화를 누렸습니다(대하 9:20). 솔로몬이 부자가 된 비결은 하나님이 그에게 주신 지혜였습니다. 솔로몬은 하나님이 주신 지혜를 팔아서 부를 쌓았습니다. 솔로몬은 천하의 열 왕들이 가지지 못한 지혜를 가지고 있었기에 천하의 열 왕들이 솔로몬에게 지혜를 배우려고 만나러 올 때는 빈손으로 오지 않았습니다. 그들은 금 그릇, 은 그릇, 의복, 향품, 말, 노새 등을 가지고 왔습니다. 시바 여왕도 솔로몬의 지혜를 듣고 돌아갈 때, 금 120달란트와 향품과 보석을 선물로 주고 돌아갔습니다(왕상 10:1~13).

솔로몬이 앉았던 웅장한 보좌는 상아로 만든 후 순금을 입힌 것이었습니다. 솔로몬의 1일분 식량은 밀가루가 30석, 굵은 밀가루가 60석, 살찐 소가 10마리, 초장의 소가 20마리, 양이 100마리였으며, 그 밖의 사슴과 노루와 살찐 새는 셀 수조차 없었습니다. 솔로몬은 금으로 만든 큰 방패를 200개, 작은 방패를 300개로 만들었고, 그릇과 잔도 다 순금으로 만들었습니다. 병거가 1,400, 마병이 12,000, 외양간이 40,000이나 되었습니다. 솔로몬의 부는 나라 전체에 유통되어 모든 백성들도 부요하고 풍요로웠습니다. 금과 보석이 너무 많이 유통되어 심지어 은도 귀하게 여기지 않을 정도로 풍요로운 삶을 누렸습니다(왕상 10:14-22). 예루살렘에서는 하도 은이 많아 은이 바닥에 굴러다닐 정도였고, 사람들은 은을 마치 돌처럼 생각하고 하찮게 생각했다고 합니다.

또한 솔로몬은 당대 최고의 물류기반 사업가였습니다. 다시스와 스페인까지 3년에 한 번씩 배를 보내어 은, 금 및 상아를 들여왔습니다. 오빌에서도 백단목, 보석과 괌 400달란트를 들여왔습니다. 상인들로부터 막대한 액수의 관세를 받았으며, 아버지 다윗이 정복한 나라들로부터 해마다 엄청난 양의 조세를 받았습니다. 매년 많은 나라들로부터 조공으로 받는 금덩어리만 한 해에 666달란트(영국 화폐로 3백만 스털링, 약 18,000kg)나 되었다고 합니다(왕상 10:14-15). 솔로몬의 부귀는 극에 달했으며 천하에 솔로몬과 같은 부귀영화를 누린 사람은 아무도 없었습니다.

솔로몬 시대에는 품질이 뛰어난 백향목도 뽕나무같이 흔하게 썼습니다. 솔로몬이 예루살렘 성전 건축을 할 당시 레바논에서 엄청난 양의 백향목들을 벌목하여 성전을 지었다고 합니다(왕상 7, 삼하 5:11). 백향목은 성경에 나오는 귀한 나무입니다. 백향목은 성경에 70번이나 등장하는 귀한 나무로서, 백향목은 짙은 향기를 풍기고 방부력도 뛰어납니다. 또 에스라가 성전을 수리할 때에도 레바논의 백향목을 사용했습니다(스 3:7).

백향목처럼 향기가 뛰어나고 방부 효과가 탁월한 목재로서 침향목이 있습니다. 백향목과 침향목은 성경에서 하나님이 동일한 가치로 높이 평가하셨던 식물입니다. 하나님이 특별히 선택하신 이스라엘 백성의 아름다움은 침향목과 백향목에 비유되었습니다. "그 벌어짐이 골짜기 같고 강 가의 동산 같으며 여호와께서 심으신 침향목들 같고 물 가의 백향목들 같도다"(민 24:6). 침향목은 향나무의 일종으로 '부'를 상징합니다. 귀한 향료인 침향은 '향의 왕', '천년의 산삼'이라는 별명을 갖고 있습니다. 귀한 향료인 침향은 침향나무 속에 응결

된 수지로 다양한 효능을 가진 약재입니다. 하지만 오랜 세월을 거쳐 생성되며 전 세계적으로 분포가 한정되어 있어, 예로부터 비싸게 거래되면서 주로 부유층이나 궁중에서만 사용되었던 매우 희귀한 향료입니다. 일반적으로 왕의 옷과 이불에 피우는 아로마테라피(향기요법)로 사용되었습니다.

침향의 대표적인 효능은 우리 몸의 상하 기운이 원활하게 순환되도록 촉진시켜 주어 몸을 따뜻하게 해주는 것입니다. 침향은 신진대사 활성화, 면역력·혈액순환 개선, 심신 안정, 스트레스 해소, 집중력 향상, 어혈 제거, 간장·폐장·위장·신장기능 강화, 갑상선·불면증·천식·설사·변비·구토증상 치료, 당뇨병·뇌졸중·노안·암 예방에 효과적입니다. 또한, 침향은 당시 이스라엘과 이집트에서 몰약과 더불어 탁월한 장례용 방부제로서 널리 사용되었습니다. 부유한 제자였던 니고데모가 십자가형으로 죽으신 예수님의 시신에 침향을 함께 뿌려서 부패를 방지하였습니다. "일찍이 예수께 밤에 찾아왔던 니고데모도 몰약과 침향 섞은 것을 백 리

트라쯤 가지고 온지라 이에 예수의 시체를 가져다가 유대인의 장례 법대로 그 향품과 함께 세마포로 쌌더라"(요 19:39~40). 그 외에도 성경에는 '침향'이 세 번 더 등장합니다. "왕의 모든 옷은 몰약과 침향과 육계의 향기가 있으며 상아궁에서 나오는 현악은 왕을 즐겁게 하도다"(시편 45:8), "몰약과 침향과 계피를 뿌렸노라"(잠 7:17), "나도와 번홍화와 창포와 계수와 각종 유향목과 몰약과 침향과 모든 귀한 향품이요"(아 4:14).

솔로몬은 침향목과 더불어 귀하고 값비싼 목재인 백향목을 가지고 아버지 다윗의 시대에 이루지 못한 예루살렘 성전 건축을 완성함으로서 대를 이어 엄청난 명성과 영예를 누렸습니다. 그러나 이러한 솔로몬의 부는 오히려 솔로몬의 인생을 급격하게 망가뜨립니다. 솔로몬은 하나님의 뜻을 떠나 몰락의 길을 걷게 됩니다. 이스라엘의 분열과 몰락의 징조는 솔로몬의 치세 말기에 나타나기 시작하였습니다. 하나님은 그런 솔로몬이 너무 안타까워서 무려 두 번이나 솔로몬에게 나타나 "다른 신을 따르지 말고 여호와를 섬기라"고 말씀하셨지만

(왕상 11:9-10), 솔로몬은 받아들이지 않았습니다. 결국 그의 죄악을 보다 못한 하나님은 솔로몬을 심판하셔서 이스라엘을 분열케 하시고 멸망하게 하셨습니다.

분명히 하나님의 영적축복과 물질축복을 그토록 크게 받았었던 솔로몬이 말년에 왜 그토록 타락하여 다른 신을 섬기며 우상숭배를 하게 되었을까요? 그것은 이방신을 믿었던 여자들 때문이었습니다. 솔로몬은 후비가 700명, 첩이 300명이었습니다(왕상 11:3). 솔로몬은 하나님께서 넘치게 주신 재물로 자기 집과 첩의 집을 짓고 그 안에서 쾌락만을 즐겼습니다. 거대한 영광과 풍성한 부를 누렸던 솔로몬도 늙으면서 수많은 첩을 곁에 두고 여색에 빠지면서 지혜의 능력도 조금씩 떨어지기 시작했습니다. 솔로몬은 주변 국가와 외교 관계를 목적으로 정략결혼의 수단을 통해 수많은 아내를 얻었습니다. 그런데 이 수많은 아내들은 이방인들로서 저마다 자기들이 섬기던 우상들, 곧 아스다롯, 밀곰, 그모스, 몰록 등을 이스라엘로 끌어들였습니다. 하나님이 경고하신 대로, 이방인 아내들은 솔로몬의 마음을 미혹하여 자기들이 섬기던 우상을 더불어 다함께 섬기게 만들었습니다(왕상 11:4). 솔로몬은 우상을 숭배하고 우상에게 예배를 드리기 위한 신전까지 건축했습니다. 솔로몬은 타 문화의 이방 신들을 숭배하며 세상과 동화되는 길을 택하였고, 결과적으로 죄로 인하여 스스로 무너지면서 몰락하는 결과를 낳았습니다.

성경은 "왕은 아내를 많이 두지 말라"(신 17:17)고 말합니다. 많은 아내가 왕의 마음을 미혹하기 때문입니다. "왕은 자기를 위해 은금을 쌓지 말라"(신 17:17)는 경고도 나옵니다. 솔로몬은 신명기에서 왕이 된 자가 하지 말아야 할 모든 계명을 어겼습니다. 이런 경우가 바로 돈이 악하게 사용된 나쁜 사례입니다. 돈이 악한 여자들을 잔뜩 불러들이면서 솔로몬을 하나님의 말씀을 따르지 않는 죄악에 빠트린 것입니다. 솔로몬은 하나님의 큰 축복을 받은 부자로서 반드시 세상과는 다른 길을 추구하여야 했습니다.

솔로몬은 하나님께서 특별히 내려주신 지혜의 축복과 국가의 부유함을 말년의 사치와 향락으로 전부 망쳐

버리고 말았습니다. 솔로몬의 시대는 겉은 부유해 보였으나 속은 가난한 '속빈 강정'과 같았습니다. 솔로몬은 막대한 부를 쌓았지만 하나님을 섬겨야 할 의무를 스스로 저버렸습니다. 막대한 부를 기반으로 주색잡기에만 깊이 골몰하면서 지혜의 왕으로서의 자질도 사라지게 되었습니다.

솔로몬은 이스라엘 왕국의 최대 전성기를 이룩하고 큰 부를 누렸으나 말년에 실책을 거듭하고 우상숭배에 빠지면서 급격하게 쇠퇴하였고 나라는 분열하고 말았습니다. 솔로몬은 성경의 인물 중 지혜와 부귀로 가장 유명한 왕이었으나 솔로몬은 하나님을 따라야 할 의무, 왕으로서의 의무를 저버리고 타락하여, 처참하게 몰락한 부자의 상징이 되었습니다. 솔로몬은 처음 시작할 때는 분명히 하나님의 뜻을 끝까지 충실히 따를 수 있을 만한 탁월한 지혜를 가지고 있었던 왕이었습니다. 솔로몬은 인간이 초심을 잃게 되면 어떤 결과가 나오는지 잘 보여주는 인물입니다. 처음에 솔로몬의 지혜는 백성을 잘 다스리기 위하여 하나님께서 특별하게 내려

주었던 축복의 지혜였습니다. 바로 그 목적 때문에 지혜를 구했고 그래서 하나님도 지혜를 주셨습니다. 그런데 솔로몬은 변심하여 그 지혜로 돈 쌓기에 몰두했습니다. 솔로몬은 자신의 필요 이상으로 자신을 위한 재물을 지나치게 모았습니다. 막대한 부는 하나님을 멀리하게 만들었고 부는 또 다른 우상이 되어 버렸습니다. 성경은 하나님과 재물을 겸하여 섬기지 못한다고 말씀합니다(마 6:24).

솔로몬은 엄청난 부를 가짐으로서 원하는 모든 일을 할 수 있었지만 그 엄청난 부를 잘못 사용했습니다. 오로지 자기를 위해서 막대한 부를 사용했던 것은 재정관리를 잘못했던 것입니다. 그는 돈의 노예가 되어 탐욕적으로 재물을 쌓았습니다. 거대한 부를 자신을 위해서 과도하게 소비하면서 비싼 기구와 기물을 만들고, 첩을 거느리고, 식사를 하였습니다. 부의 과도한 소비는 오히려 독이 되어 나에게 불행으로 돌아오게 됩니다. 만약 솔로몬이 넘치던 부를 처음에 그랬듯이 이스라엘 백성을 위하여 더불어 다함께 나누었다면, 하나님의 지혜와 부의 축복을 끝까지 받아서 죽을 때까지 태평성대를 누렸을 것입니다. 솔로몬이 끝까지 지혜로웠다면, 이렇게 심각한 타락의 길을 걷지는 않았을 것입니다.

솔로몬의 부는 분명한 하나님의 축복의 결과였습니다. 일단 하나님이 주셨기에 부자가 된 것입니다. 돈은 중립적이며, 솔로몬이 처음에 받았던 부귀는 하나님이 보시기에 좋았습니다. 솔로몬의 부는 과도한 것 같았지만 처음에는 여전히 긍정적이며 바람직했습니다. 과도한 부가 솔로몬을 타락하게 한 원인이지만 그렇다고 해서 그것이 하나님의 잘못은 아닙니다. 초기의 솔로몬의 태도는 하나님이 보시기에 합당했고 만족스러웠습니다. 하나님은 그 차고 넘치는 부를 계속하여 가난한 백성들을 위해 쓰라고 주셨던 것이지만 솔로몬은 말년에 그 돈을 백성을 위해 쓰지 않고 사적인 쾌락의 용도로 쓰고 말았습니다.

이렇듯 돈은 내 마음대로, 내 멋대로 써도 되는 것이 아닙니다. 우리에게는 필요한 만큼의 재물이 있고, 필요 이상의 재물이 있습니다. 돈의 많고 적음을 떠나서 돈을 어디에 어떻게 쓰느냐에 따라 우리는 돈으로 악을 행할 수도 있고, 선을 행할 수도 있는 것입니다. 나에게 항상 돈이 부족하다고 생각하면서 돈을 버는 데만 집착하지 말고, 정말 내게 꼭 필요한 재정이 얼마인가를 고민하고 주어진 재물을 합리적으로 쓰며 선한 목적에 사용해야 합니다.

솔로몬은 극심하게 타락하며 몰락의 길을 걸었지만 말년에 성경의 잠언과 전도서를 쓰면서 그래도 회개하는 모습을 보입니다. 솔로몬처럼 세상적인 것에 대한 허무를 철저하게 체험한 사람이 영원한 것, 혹은 신적인 것을 진심으로 찾게 될 확률이 높습니다. 솔로몬은 이 세상에서 가장 부유한 사람이었고 큰 권력을 가진 사람이었으나 결국 이 모든 것이 헛되다고 고백합니다. 솔로몬도 올바른 부자의 의미를 더 일찍 깨달았다면 좋았을텐데, 한없이 타락했다가 말년에 정신을 차리고 전도서를 쓰고 죽었습니다. 솔로몬 하나쯤은 하나님께서 모든 것을 다 허락하셔서 다 가져볼 수 있게 하시고 고백하게 하신 것입니다.

솔로몬은 자기가 실제로 경험한 바를 솔직하고 정직하게 고백합니다. 솔로몬은 삶의 무상함과 허무함을 깨닫습니다. 솔로몬은 "헛되고 헛되며 헛되고 헛되니 모든 것이 헛되도다"(전 1:2)라고 하며 "헛되다"는 말만 계속 반복합니다. 일생 동안 엄청난 지혜와 많은 부로 온갖 것을 다 해보고도 모든 것이 헛되더라라는 고백을 합니다. 솔로몬이 말하기를 '이 세상 사람들이 해 보고 싶은 것을 다 해 보았지만 헛되고 헛되더라'는 것입니다. 세상의 그 무엇도 사람을 만족케 할 수 없다는 것입니다.

솔로몬이 그렇게 수많은 여자들을 둘 수 있었던 것은 솔로몬이 절대적인 권력을 가진 부자였기 때문입니다. 솔로몬은 지혜를 가졌을 뿐만 아니라 부귀, 명예, 권력, 향락 등 온갖 것을 다 누려보았습니다. 솔로몬은 자기 마음과 눈에 원하는 것을 금하지 않았습니다. 거부였기 때문에 뭐든지 하고 싶은 것은 다 해 봤고, 가지고 싶은 것도 다 가져봤습니다. 그런데 그것이 진정한 행복을 가져다주지 않았습니다.

종교인이든 비종교인이든 많은 사람들이 솔로몬이 가졌던 부와 재물을 부러워합니다. 누구나 솔로몬처럼 살면 평생토록 아무 근심걱정 없이 편하게 살 수 있을 것 같은 환상을 가집니다. 하지만 어떤 재물이든 지나치게 풍성하면 시간이 지날수록 오히려 만족의 가치가 떨어집니다. 자신이 이미 얻어 누리는 부는 시간이 지날수록 재미가 없어집니다. 그래서 점점 더 많은 부를 추구하고 더 강한 쾌락만을 찾다가 점점 마음과 육체가 병들어 갑니다. 이것이 돈의 악한 속성입니다. 솔로몬은 이 모든 것들을 맛본 후 그 모든 것이 얼마나 헛된지를 전도서에 기록하였습니다. 세상의 모든 재물조차도 우리를 참으로 복되게 만들기에는 충분하지 못하므로, 그런 것에 우리의 마음을 두는 것은 실로 어리석은 일임을 많은 사람들이 깨닫기를 원하였습니다.

많은 사람들이 하나님을 찾지 않는 이유는 세상적인 부유함을 아직 못 누려보았기 때문입니다. 언젠가 부자가 되면 정말로 행복할 줄 알고 많은 사람들이 모든 시간과 에너지를 쏟고 있습니다. 부자였던 솔로몬의 고백을 보면, 부자가 되어 돈을 아무리 써 봐도 진정한 만족이 없고 여전히 목이 마르고 헛되다는 것을 알 수 있습니다. 돈과 명예나 권세는 아무 것도 아닙니다. 부하든 가난하든 누구나 죽음 앞에서는 아무 힘을 쓰지 못합니다. 돈은 죽음을 돌려놓을 수 없습니다. 죽음을 피할 수 없는 인생은 결국 헛됩니다. 돈을 가지고 마음에 원하는 모든 것을 다 해 봤어도, 죽음 앞에서 돈이 아무 소용도 없을 때, 많은 사람들이 인생의 덧없음을 발견합니다.

성경의 전도서의 내용을 보면 삶이 허무하고 덧없다고 생각될 때가 많습니다. 그렇다고 해서 세상을 지나치게 무의미하게 여기며 현실을 부정하고 비관하는 허무주의나 염세주의로 도피하면서 인생을 포기해서도 안 됩니다. 우리는 땀 흘려 수고하여 벌어서 의식주를 해결하여야 하는 이 세상에서의 삶이 피곤하지만, 지금의 주어진 나의 작은 일상에 감사하고 자족하는 지혜를 가져야 합니다. 일상의 소중함을 발견해야 합니다. 하나님을 믿는 자들에게는 이 땅에서 일어나는 일은 무의미하지 않습니다. 인간은 하나님의 계획을 온전히 이해하지 못합니다. 우리는 살아가는 모든 순간에 기뻐하며 선을 행하고 하나님께 감사하고 순종하는 삶을 살 뿐입니다.

솔로몬은 "너는 젊었을 때 하나님을 찾으라"(전 12:1)고 말합니다. 솔로몬은 또한 이렇게 권고합니다. "일의 결국을 다 들었으니 하나님을 경외하고 그 명령을 지킬지어다 이것이 사람의 본분이니라"(전 12:13). 하나님의 뜻을 따르는 것이 돈보다도 우리를 복되게 합니다. "하나님은 모든 행위와 모든 은밀한 일을 선악간에 심판하시리라"(전 12:14). 솔로몬은 결국 하나님이 의인과 악인을 마지막 날에 심판하실 것이라고 말합니다. 의인이나 악인이나 다 죽음 이후에 하나님의 심판이 기다리고 있습니다. 그래서 젊은 날에 결단하고 인생의 방향을 잡아서 세상의 헛된 쾌락에 빠져 인생을 낭비하지 말고 하나님이 나에게 주신 사명에 따라 성실히 최선을 다하는 삶을 살아야 합니다.

누구든지 이 세상에서 자기 마음대로 먹고 마시며 놀

고 즐기는 것은 자유입니다. 그러나 하나님께서 이 세상에서 행하였던 모든 일로 인하여 인간을 심판하신다는 것을 알아야 합니다. 그러므로 우리는 하나님을 경외하고 그분의 말씀을 따라야 할 의무가 있습니다. 우리는 하나님의 말씀에 순종하여 내가 소유한 재정을 하나님의 뜻대로 건전하고 정직하게 사용해야 합니다(신 17:18~19). 돈에 대한 과도한 탐욕을 멈추어야 합니다. 돈의 노예가 되지 말아야 합니다. 세상에 빠져서 멀어진 하나님과의 올바른 관계를 회복하여야 합니다. 금보다 훨씬 더 귀한 진리를 구하여 천국의 보화를 알게 될 때, 이 세상의 재물은 훨씬 더 하찮게 보이게 될 것입니다.

MERCI
BIBLICAL
FINANCE

제1부 · 제6장

부자 욥의 인생

제 6 장 부자 욥의 인생

성경의 〈욥기〉는 '욥'이라는 부자의 일대기를 다루고 있습니다. 욥은 정말 물질의 축복이 많았던 사람이었습니다. 무엇 하나 부족한 게 없는 삶이 바로 욥의 삶이었습니다. 또한 욥은 주위에 선행을 베풀던 착한 사람으로 존경받았습니다. 하나님이 "욥와 같이 온전하고 정직하여 하나님을 경외하며 악에서 떠난 자는 세상에 없느니라"(욥 1:8)라고 칭찬을 할 정도였습니다.

그런데 욥이란 이름은 '박해받는 자' 혹은 '미움받는 자'를 뜻합니다. 일단 이름부터 어딘가 모르게 위험하게 느껴집니다. 어느 날, 사탄이 하나님과 내기를 겁니다. '욥'이라는, 하나님에게 큰 물질축복을 받은 부자가 있는데, 욥에게 극심한 가난을 가져다주면 하나님을 원망하고 욕하게 될 것인지를 하나님과 내기하게 되었습니다. 사탄은 "욥이 어찌 까닭 없이 하나님을 경외하리이까 주께서 그와 그의 집과 그의 모든 소유물을 울타리로 두르심 때문이 아니니이까 주께서 그의 손으로 하는 바를 복되게 하사 그의 소유물이 땅에 넘치게 하셨음이니이다"(욥 1:9~10)라고 말합니다. 즉, 욥이 이 땅에서 물질의 축복을 받았기 때문에 하나님을 믿고 있을 뿐임을 주장합니다.

그러면서 사탄은 "이제 주의 손을 펴서 그의 모든 소유물을 치소서 그리하시면 틀림없이 주를 향하여 욕하지 않겠나이까"(욥 1:11)라고 제안하고, 이에 하나님은 "내가 그의 소유물을 다 네 손에 맡기노라 다만 그의 몸에는 네 손을 대지 말지니라"(욥 1:12)라고 하여 사탄이 욥에게 가난의 재앙을 가져다주는 것을 허락합니다. 사탄은 욥의 재산을 모두 날려버립니다. 도적떼가 몰려들게 하여 낙타를 죽이고 집이 무너지게 하여 욥의 자식들까지 몰살시켰습니다.

욥은 하나님과 사람을 향해서 부끄러움이 없는 의인이었습니다. 욥은 참으로 평안한 부자의 삶을 살았습니다. 하루 아침에 모든 것을 잃게 되는 가난의 고난을 그는 상상도 할 수 없었을 것입니다. 욥에게는 많은 재산이 있었습니다. 그러나 그 재산들은 단 하루 만에 허망하게 사라졌습니다. 모든 재산을 잃고, 자녀들까지도 모두 잃게 될 것이라고는 상상도 할 수 없었습니다.

욥은 금방이라도 하나님을 부정하고 저주할 수도 있었습니다. 그럼에도 욥은 가난해진 순간에도 하나님이 칭찬하셨던 그의 믿음과 정직을 잃지 않습니다. 욥은 겉옷을 찢고 머리털을 밀고 땅에 엎드려 경배하며 "내가 모태에서 알몸으로 나왔사온즉 또한 알몸이 그리로 돌아가올지라 주신 이도 여호와시요 거두신 이도 여호와시오니 여호와의 이름이 찬송을 받으실지니이다"(욥 1:21)라고 하면서 조금도 원망하지 않았으며, 자신의 재산과 자식들 모두 하나님이 주신 것이니 이를 거두는 것 또한 하나님의 뜻이라고 여겼습니다. 그는 자신이 이 땅에 아무 것도 가지고 나오지 않았다고 말합니다. 그렇기 때문에 모든 것을 잃었지만 견딜만하다고 말합니다. 어차피 하나님이 주신 것, 하나님이 가져가시니 불평할 것이 없다고 말합니다.

재산과 자식들을 모두 잃고 피부병까지 걸려 기왓장으로 몸을 긁는 불쌍한 신세가 된 욥을 향해, 욥의 아내는 "하나님을 욕하고 죽으라"(욥 2:9)는 악담을 퍼붓습니다. 그러나 욥은 태연하게 "바보같은 소리. 하나님께서 복을 주셨으니 재앙을 내리시는 것도 당연하지 않느냐? 우리가 하나님께 복을 받았은즉 화도 받지 아니하겠느냐?"(욥 2:10)라고 답변하면서 입술로 범죄하지 않습니다.

이렇듯, 이 땅을 살면서 영원히 나의 것, 나의 소유라고 말할 수 있는 것은 아무 것도 없습니다. 우리는 이 세상에서 죽을 때 이 땅의 소유를 아무것도 가지고 가지 못합니다. 성경은 "우리가 세상에 아무것도 가지고 온 것이 없으매 또한 아무것도 가지고 가지 못하리니"(딤전 6:7)라고 말씀합니다. 우리는 빈손으로 왔다가 빈손으로 갑니다(공수래공수거). 이 땅에서 우리가 가진 것들은 모두 사실 우리의 소유가 아니라 하나님의 소유입니다. 우리가 돈을 얻게 된 것은 하나님이 돈을 얻게 하셨기 때문입니다. "그러나 네가 마음에 이르기를 내 능력과 내 손의 힘으로 내가 이 재물을 얻었다 말할 것이라 네 하나님 여호와를 기억하라 그가 네게 재물 얻을 능력을 주셨음이라"(신 8:17-18).

우리가 돈을 움켜쥐고 누구에게도 빼앗기지 않도록 은행에나 방바닥 밑에 돈을 잘 숨겨두어 보관하면 영원히 내 돈이 될 수 있을 것으로 생각하지만, 하나님이 가볍게 한 번 훅 불어버리면 언제든지 나의 재산은 순식간에 날아가 버린다는 것을 깨달아야 합니다. 만약 우리가 재산을 잃었다면, 내 것을 잃어버린 것이 아니라 처음에 하나님께서 청지기인 우리에게 이 땅에서 살 동안만 잠시 맡겨주신 재산을 잃어버리게 된 것일 뿐입니다. 하나님께서 돈으로 사람을 훈련하실 때에는 그 사람을 온전한 그릇으로 만들어 쓰시려는 것입니다. 재정의 문제로 고난을 받는 것은 하나님을 더욱 의지하게 하려는 신앙의 훈련입니다. 돈이 전적으로 하나님의 소유임에도 불구하고, 마치 자신의 능력으로 돈을 얻었다는 인간의 교만을 철저하게 깨뜨리기 위함입니다. 하나님을 믿는다고 말은 하면서도, 여전히 속마음으로는 돈을 의지하는 사람은 완전히 그 물욕을 내려놓을 때까지 하나님의 훈련이 계속됩니다. 그리고 그 훈련을 통과하면 물질로 하나님께 쓰임을 받게 되는 것이 성경의 재정 법칙입니다.

이제 병에 걸려 드러누운 거지로 전락해 버린 욥에게 세 친구들(데만 사람 엘리바스, 나아마 사람 소발, 수아 사람 빌닷)이 찾아옵니다. 이들은 극심한 고통 속에 있는 욥을 보고 처음에는 1주일 간 말없이 울면서 욥과 같이 있어 주었습니다. 7일 후에 욥은 마침내 입을 열고 "차라리 나의 생일에 재앙이 일어나 내가 죽었었으면, 내가 죽어서 태어났으면 좋았을 걸"(욥 3:1, 3, 11)이라며 자기가 태어난 것 자체를 저주합니다.

그 말을 들은 엘리바스는 "네가 분명히 무슨 죄를 지었기 때문에 하나님이 벌을 내리시는 것 같으니까 하나님께 용서를 구해라! 이 벌이 끝나면 반드시 하나님께서 다시 복을 주실 것이다"(욥 5:17)라고 권면합니다. 이에 욥은 "나는 이렇게 가난하게 될 만큼 하나님께 죄를 지은 기억이 없다"(욥 6:10)라며 반박하며, "하나님, 왜 저를 이렇게 만드셨습니까? 차라리 죽는 것이 낫겠습니다"(욥 7:15)라며 항의합니다. 그러자 빌닷이 "언제까지 너는 불평만 늘어놓을 것이냐? 설마 하나님이 정의와 공의를 지키지 않으시겠느냐? 혹시 네 아들딸이 죄를 지어 네가 벌을 받는지도 모르니 일단 네가 용서를 구해라! 그러면 다시 복을 받게 될 것이다"(욥 8:4)라면서 욥에게 반박합니다.

그러나 욥은 "하나님 앞에 의로운 사람이 세상에 누가 있겠는가? 하나님이 무엇을 하시겠다면 그것을 하지 못하게 할 수 있는 사람이 있겠는가? 내가 이렇게 비참하게 될 정도의 큰 죄를 짓지 않아도, 하나님은 벌을 내리실 분이시다"(욥 9:2~4)라고 하며, 다시 "하나님은 제가 그렇게 악하지 않은 것도 아시면서 왜 이런 가난의 재앙을 내리십니까? 얼마 남지 않은 인생이라도 편하게 보낼 수 있게 죽게 해 주시면 안됩니까?"(욥 10:20~21)라고 다시 항의합니다. 그러자 소발이 듣다가 마침내 "네가 지금 하나님 앞에서 무죄하다고 주장하는 것이냐? 네가 하나님의 뜻을 어떻게 다 알 수 있겠느냐? 죄를 지었으면 회개를 해라. 그렇게 하면 다시 회복할 수 있을 것이다"(욥 11:2~3)라며 욥을 다시 꾸중합니다.

그러자 욥은 "너희들만 지혜롭게 생각하느냐? 너희들만 하나님의 뜻을 알고 있느냐? 나도 너희만큼은 지혜롭다고 생각해. 적어도 나는 하나님께 내가 살아온 삶에 대해 항의 정도는 할 수 있어"(욥 12:2~3)라고 말하며, "하나님, 저를 이렇게 저주에 가까운 벌만 내리지 마시고 그냥 제가 정말로 무슨 잘못을 했는지 알려주십시오"(욥 13:23)라고 기도합니다. 엘리바스는 "네가 이제는 아주 하나님 앞에서 너의 분노를 표출하는구나. 우리가 너의 문제에 대해서 여전히 모르고 있는 것이 무엇이냐? 세상에서 하나님 보시기에 의로운 사람이 어디 있냐?"(욥 15:4~16)라고 하며 욥을 비난합니다.

욥은 왜 자기가 고난을 겪는지 하나님의 뜻을 올바로 이해하지 못하고 절규했습니다. 욥은 자기 자신의 잘못이 이렇게 큰 재난을 당할 정도로 크지는 않은 것 같은데, 이토록 혹독한 가난의 재앙을 당하는 것은 억울한 일이라고 소리 높여 주장합니다. 욥이 이렇게 자신의 의로움을 드러내며 고난에 절규할 때, 세 친구들 나름의 충고와 권면의 말이 시작되었습니다. 그들은 처음부터 끝까지 “그래도 네가 뭘 잘못한 게 있으니까 합당한 벌을 받은 것이니, 어서 죄를 인정하고 회개하고 다시 착하게 살아”라며 욥을 자극하는 말을 반복했습니다. 욥이 자신의 의로움을 내세워서, 하나님이 내린 가난을 한탄하고 하소연한다면, 친구들은 하나님이 욥에게서 어떤 죄악을 보았기 때문에 심판하시는 것이라는 논리로 욥을 공격합니다. 세 친구는 욥을 위로하러 온 게 아니라, 욥을 나쁜 놈으로 몰아가 회개하게 하려는 의도로 왔던 것 같습니다.

욥의 세 친구들은 하나님 편을 들어 욥에게 충고했다고 생각했지만 하나님의 생각은 달랐습니다. 하나님은 욥의 세 친구들에게 "너희가 욥에게 충고한 것은 내 종 욥의 말과 같이 올바르지 않았다"(욥 42:7)라며 그들을 꾸중합니다. 욥의 세 친구들은 고난의 의미를 단순히 죄악에 따른 벌로 봤기 때문에 고난을 욥에게 잘못 설명합니다. 이러한 인과응보 개념은 잘못된 것입니다. 욥과 같이 부자였다가 갑자기 빈털터리가 되면, 무조건 하나님이 심판하신 것으로 생각하는 것은 성경적이지 않습니다. 욥의 세 친구들은 믿음을 계속 지키면 물질축복도 계속 지켜지고, 믿음을 잃으면 물질축복을 잃게 된다는 잘못된 생각을 갖고 있었습니다. 그러나 욥을 살펴보면서 우리는 단순히 하나님을 믿는 신앙을 계속 유지한다고 해서 무조건 물질축복이 유지되는 것이 아님을 알 수 있습니다. 하나님을 믿는다고 해서 무조건 우리에게 좋은 일만 일어난다는 생각은 잘못입니다.

그렇다면 하나님은 왜 착한 사람이 고통받게 하실까요? 욥의 세 친구들은 "하나님이 있다면 왜 선한 사람이 고통을 받는가?"라는 질문에 똑바로 대답하지 못했습니다. 많은 사람들이 "나쁜 짓을 하면 응당 벌을 받게 된다"는 생각을 많이 합니다. 욥의 친구들은 욥이 나쁜 짓을 해서 벌을 받는다고 하는데, 이런 생각은 가난한 사람들이 무언가 나쁜 짓을 했으니 벌을 받는다고 오해할 위험이 있습니다. 욥은 큰 잘못을 저지르지도 않았고 주위에 나름대로 선행을 베풀며 의롭게 살아왔습니다. 이 세상에는 특별히 악한 행동도 하지 않고 착하고 성실하게 살아왔음에도, 여전히 질병으로 고통을 받고 물질적으로도 가난하게 사는 사람들이 많습니다. 욥의 경우처럼 지금 현재 극심한 가난에 처한 사람이 매우 선하게 살아온 사람일 수 있습니다. 선행을 베푼다고 해서 나의 재산이 그대로 유지되거나 선행에 대한 물질적 보상이 분명히 있을 것을 기대하는 것은 어리석은 일입니다.

이후에 하나님이 욥에게 나타나서 하나님의 초월적인 능력과 뜻을 감히 사람이 이해할 수 있겠느냐고 꾸중하며 말씀하십니다. 하나님은 하나님이 직접 창조하신 자연 만물을 일일이 거론하면서 피조물에 불과한 인간의 한계를 지적합니다(욥 38:1~41). 불완전한 존재인 인간은 결코 하나님을 완전하게 이해할 수 없습니다. 이 세상에서 선하게 보이는 사람도 하나님 보시기에는 완전히 선하게 보이지 않습니다. 결코 완전히 선한 사람은 없습니다.

하나님의 말씀을 들은 욥은 하나님의 전지전능함을 그대로 인정했습니다. 욥은 이렇게 하나님께 대답하였습니다. "아, 제가 너무 경솔했습니다. 저에게 어떤 변명의 말이 있겠습니까? 그저 손으로 입을 막을 수 밖에 없습니다(욥 40:1~5). 하나님께서는 못 하실 일이 없으시고 계획하신 일은 무엇이든지 이루십니다. 이 머리로는 헤아릴 수 없는 신비한 일들을 영문도 모르면서 지껄였습니다. 이제 저는 제 눈으로 하나님을 직접 뵈었으니 제 말이 잘못되었음을 깨닫고 티끌과 잿더미에 앉아 뉘우칩니다"(욥 42:1~6).

결국 끝까지 하나님에 대한 신앙을 버리지 않고 회개한 욥은 이전보다 더 큰 물질축복을 받은 부자가 되었습니다. 욥은 전보다 많은 재산과 많은 자손을 가지게 되었습니다. 욥의 모든 재산은 두 배로 늘어났습니다. 이전에 양 7,000마리, 낙타 3,000마리, 소 500마리, 암나귀 500마리였던 재산이 양 14,000마리, 낙타 6,000마리, 소 1,000마리, 암나귀 1,000마리로 늘어났고 욥이 그 이후 아들 일곱과 딸 셋을 낳아 4대까지 풍족하게 살다가 세상을 떠났습니다(욥 42:10~17).

예전처럼 욥은 다시 부자가 되기는 했지만, 욥 본인이 착하고 의로워서, 또는 선행의 공로를 하나님께 인정받아서 다시 부자가 될 수 있었던 것이 아닙니다. 실제로 나중에 욥은 스스로가 완벽하게 의로운 사람이 아님을 깨닫고 인정합니다(욥 42:3). 모든 인간은 하나님 보시기에는 착한 사람이 아니며, 착한 사람이 될 수도 없습니다. 하나님이 보실 때 인간이 스스로 착한 사람이 되었다고 생각하는 것 자체가 곧 교만입니다. 인간이란 스스로의 의지로 여러가지 선행을 베풀고 나서 하나님께 '하나님, 나 지금 이렇게 착한 일 했어요!'라고 드러내어 자랑할 수조차 없는, 한낱 미물과 같은 존재에 불과합니다.

가난하게 만드시는 것도 부하게 만드시는 것도 하나

님이십니다. 우리는 부자 욥의 인생을 통하여, 내가 가난해졌을 때 나의 생각과 능력으로 부자가 되려고 아무리 노력해 보았자 결국 하나님이 허락하지 않으시면 절대로 부자가 될 수 없다는 사실을 알 수 있습니다. 인간은 하나님께 날 왜 부자로 안 만들어 주시냐고 반항할 수 없습니다. 우리가 부자가 되는 것도 전적으로 하나님의 뜻과 계획과 능력에 달려있음을 우리는 명심해야 할 것입니다.

인간이 하나님을 어느 정도 이해할 수는 있지만 전부는 이해할 수 없습니다. 이 세상에는 인간의 생각으로 보기에는 너무도 불합리하게 보이는 상황들이 많이 발생합니다. 가난에서 벗어나지 못하고, 아직도 부자가 되지 못하는 답답함이 있지만, 분명히 여기에도 하나님만 아시는 은밀한 뜻이 있을 것이라고 생각하면서 우리는 오직 하나님의 뜻만을 구해야 할 것입니다.

사람이 겪는 고난이나 가난은 인간이 이해할 수 없는 초월적인 하나님의 계획에 따라 이루어질 뿐, 무조건 개개인의 잘못에 상응하는 처벌이 아닙니다. 물론 본인의 죄로 인하여 생기는 가난의 경우도 있을 수 있으나 모든 가난이 죄로 말미암은 것은 아닙니다. 인과응보도 하나님의 분명한 뜻이지만, 이 세상에는 이러한 인과응보의 논리로만 작동하지 않는 경우도 많이 발생합니다.

기복주의적인 신앙은 하나님의 뜻과 계획을 인간이 멋대로 앞질러 예상하고서 이 땅에서 부유함을 누려보려는 인간의 욕망을 드러냅니다. 하나님은 하나님의 뜻을 미리 예측하려고 하거나 가난하다고 하여 또는 부자가 되지 못했다고 하여 하나님께 항의하는 것은 불경한 것이며, 가난하든 부하든 너의 현재 상태를 그대로 겸손하게 받아들이라는 것을 말씀하십니다.

착한 사람일지라도 뚜렷한 이유 없이 고통을 받고 가난해 질 수도 있습니다. "나를 가난하게도 마옵시고 부하게도 마옵시고 오직 필요한 양식으로 나를 먹이시옵소서"(잠 30:8). 가난하다고 삶을 원망하지 마시고 자족하며 그 순간에도 하나님께 감사하여야 합니다. 하나님은 때에 맞추어 하나님의 계획대로 모든 것을 이루실 것입니다.

MERCI
BIBLICAL
FINANCE

제1부 · 제7장

천국을 소유한 부자

제 7 장 천국을 소유한 부자

우리는 이 세상과 천국을 이 땅과 완전히 따로 떨어진 장소로 곧잘 이해합니다. 그러니까, 예수 믿어 영혼 구원을 얻으면 나중에 죽어서 천국에 가는 것으로만 생각하고 있습니다(눅 16:22). 오늘날 많은 사람들이 '하늘 나라' 또는 '천국'이라는 표현을 구원받은 영혼이 죽은 후에 가서 살게 되는, 우주 저 끝 어딘가에 있는, 공중에 위치한 공간적 영역으로 오해하고 있습니다(고후 12:2). '천국'을 성경이 말하고자 하는 진짜 의미와는 다르게, 또는 부분적으로만 이해하기 쉽습니다(마 22:29).

하지만 만약 우리가 미래에 천국에 갈 수 있게 된다

면 지금 현재 이 땅에서도 하나님의 지배를 받으며 살게 된다는 의미입니다. 나중에 죽어 천국에 가기 전에, 지금 이 순간 이미 나의 마음이 천국 안에 들어가 있어야만 합니다(눅 17:20~21). 그래서 이 세상(지상)과 저 세상(천국)은 결코 별개가 아니라는 점에 주목해야 합니다.

예수님의 복음의 주제는 하늘 나라, 천국이었습니다. 예수님이 이 땅에 오셨을 때, 천국이 이미 이 땅에 와 있음을 언급하셨습니다. "때가 찼고 하나님의 나라가 가까이 왔으니 회개하고 복음을 믿으라"(막 1:15)라고 말씀하셨습니다. 예수님은 이스라엘 땅을 두루 다니시며 천국 복음을 전파하셨습니다(마 4:23, 9:35). 성경에서 '하나님 나라' 또는 '하늘 나라'라는 표현은 113회나 나오고, 그 중 72회는 예수님이 직접 말씀하시면서 사용하셨습니다. 성경에서 예수님은 천국에 대하여 비유로 말씀하셨습니다. "천국은 마치 밭에 감추인 보화와 같으니 사람이 이를 발견한 후 숨겨 두고 기뻐하며 돌아가서 자기의 소유를 다 팔아 그 밭을 사느니라"(마

13:44). 성경의 이 비유는 비교가 불가능한 천국의 절대적 가치와 함께 천국을 소유하기 위해 우리가 취해야 할 마음의 태도를 이야기하고 있습니다.

예수님은 이 땅에서 사람이 소유한 물질을 매우 중요하게 생각하셨습니다(마 19:21). 어떤 사람은 밭에 이미 감추어져 있던 보화를 이미 발견하였습니다. 그리고 그는 돌아가서 자기가 가진 모든 것을 팔아 그 밭을 삽니다(마 13:44). 보화는 천국을 의미합니다. 천국이 감추어진 형태로 이미 존재하는데, 어떤 이들은 천국을 이미 발견하였습니다. 천국을 발견한 사람들은 자신들의 모든 소유를 팔아서 천국을 샀고, 그들은 지금 현재 천국을 마음 속에 이미 갖고 있다는 것입니다(눅 17:20~21). 천국은 이 땅의 무엇과도 비교할 수 없는 무한한 가치를 가지고 있기 때문에, 천국을 발견한 사람은 자기가 가진 모든 것, 자신의 소유를 모두 팔아서라도 천국을 사 와야 한다는 것입니다(마 19:21).

천국을 가지는 데 필요하다고 하는 '자기 소유를 모두 파는 것'(마 13:44)의 진정한 의미는 무엇일까요? 실제로 지금부터 자기의 모든 재산을 다 팔아서 기부하는 것을 의미할까요? 그런 극단적인 것이 아니라면 천국을 갖기 위하여 우리가 해야 할 구체적인 일은 무엇일까요?(딤후 2:15) 천국을 사오는데 있어서 왜 자기 소유를 모두 파는 것(마 13:44)이 필수적인 조건이 되는 것일까요?

여기에서 우리는 가진 소유를 모두 판다는 말의 가장 핵심적인 뜻을 이해해야 합니다. 천국을 사 오고자 한다면 당연히 충분한 대가를 지불해야 합니다. 천국의 가치는 너무 귀하기에 자기의 모든 소유를 다 팔아야만 결국 천국을 나의 소유로 만들 수 있습니다. 나의 소유를 그저 이론적으로 팔아버린 척만 하는 것이 아닙니다. 나의 깊은 속마음에서부터 나의 소유가 이미 하나님의 소유로 모든 권한이 완전히 넘어가 버렸음을 내가 진심으로 인정하고 고백해야 합니다.

우리가 팔아버려야 할 모든 소유물이란 구매자 되신 하나님이 우리의 가진 것을 사용하여 일하셔야 하는 모든 것들을 의미합니다(잠 8:18). 우리는 일반적으로 집,

땅, 차량, 명품 등과 같은 물질적인 재산만 떠올리기 쉽습니다. 하지만 하나님이 분명하게 우리에게 원하시는 것은 실로 우리의 '모든 것'입니다. 우리의 세상적인 지식, 능력, 대인관계, 직장, 결혼, 가정 등, 인생의 모든 것들이 하나님의 소유권으로 넘어가야 합니다. 또한 우리의 사고, 생각, 감정과 같은 추상적인 것조차도 하나님께 소유권을 넘겨드려서 하나님의 뜻을 따라야 합니다(시 50:11~12).

하나님께서 나를 천국에 들어오게 하시려 할 때 먼저 해결하여야 할 일이 이렇게 내 모든 것을 하나님께 드리는 것입니다(학 2:8). 천국은 하나님이 주인이 되셔서 우리를 다스리시는 나라입니다(잠 8:18). 내가 천국을 소유한다는 것은 내가 하나님을 나의 주인으로 모시면서 내 모든 삶에서 하나님의 지배를 받고 명령을 따르겠다는 것을 의미합니다(삼상 1:28). 하나님께서 내 모든 것에 대한 소유권을 가지고 있을 때 비로소 나의 모든 소유를 이용하여 하나님의 뜻하신 바대로 이 세상에서 일하실 수 있게 됩니다(창 1:27~28). 만약 내가 가진 소유에 대하여 전적인 또는 부분적인 소유권을 고집한다면, 어떻게 하나님께서 내 모든 삶을 사용하여 하나님의 일을 하실 수 있겠습니까? 천국을 소유하려면 누구든지 예외 없이 자신의 모든 소유권을 하나님께 이전해야 합니다(욥 41:11).

원칙적으로는 누구에게나 천국은 열려있고 누구든지 천국을 소유할 수 있습니다(마 11:12). 하지만 모든 사람들이 이 원리에 따라 천국을 가질 수 있는 것은 아닙니다. 예를 들어, 예수님께 찾아와서 영생을 얻는 길을 찾고자 했던 부자 청년(마 19:16)은 영적인 문제에 대해 그처럼 적극적인 관심이 있었고 도덕적으로도 매우 모범적인 삶을 살아왔는데도(마 19:20), "가서 네 소유를 팔아 가난한 자들에게 주라 그리하면 하늘에서 보화가 네게 있으리라 그리고 와서 나를 따르라"(마 19:21)는 예수님의 명령을 듣고서는 슬퍼하며 떠나고 맙니다. 하지만 앞서 예수님의 보화 비유에서 보화를 발견한 사람의 경우에는, 보화를 발견한 후에 그것을 확보하기 위해 자신의 소유를 팔았는데, 그가 자신의 소유를 모두 팔기 위해서 다시 돌아가는 태도는 '매우 기뻐하는' 모습입니다(마 13:44). 그런데 여기에서의 부자 청년은 예수님이 제시한 보화를 발견하고서도 '매우 슬퍼하며' 떠나갔습니다. 그는 많은 재산을 소유하고 있었고 그 재산을 팔고 싶지 않았기 때문입니다(마 19:22).

예수님께서는 "부자는 천국에 들어가기가 어려우니라 다시 너희에게 말하노니 낙타가 바늘귀로 들어가는 것이 부자가 하나님의 나라에 들어가는 것보다 쉬우니라"(마 19:23~24)라고 말씀하시면서, 부자 청년의 이러한 태도가 천국을 소유하기 어려운 상태임을 분명하게 말씀하셨습니다(마 19:25~26).

고대 중동의 도시들은 높은 성벽으로 둘러싸여 있었습니다. 이 성벽에는 거대한 성문이 달려 있었는데, 밤이 되면 적들의 침입을 방지하기 위하여 문을 굳게 잠가 놓습니다. 한 번 문을 닫게 되면 매우 중요한 공무를 수행해야 하는 관리가 아니면 좀처럼 성문을 열어주지 않았습니다. 다만 밤늦게 도시에 도착하는 여행자들이 있었기 때문에, 큰 성문에 작은 문을 따로 만들어 두었습니다. 바로 그 작은 출입구를 '바늘귀'(마 19:24)라고 부릅니다. 중동의 여행자들은 일반적으로 낙타를 타고 방문하게 되는데, 낙타가 문을 통과해서 들어올 수 있는 유일한 방법은 싣고 있던 모든 짐을 다 내리고 무릎을 꿇고 들어오는 것입니다. 그래야만 낙타가 '바늘귀'를 겨우 통과할 수 있었습니다.

예수님은 천국을 이야기하시면서 바로 이 낙타가 들어간다는 '바늘귀'를 언급하신 것입니다. 물론 부자도 하나님 나라에 들어갈 수는 있겠지만 결코 쉬운 일은 아닙니다. 부자도 세상의 모든 소유물을 완전히 내려놓고 낙타처럼 무릎을 꿇어야 합니다(마 19:24). 이는 나의 모든 물질에 대한 하나님의 소유권을 완전하게 인정하고 모든 일에서 하나님을 최우선 순위에 두어야 한다는 뜻입니다(학 2:8). 이렇게 해야만 부자는 하나님의 나라인 천국에 들어갈 자격을 갖게 되며 현재 마음 속에 천국을 소유할 수 있게 됩니다(눅 17:21).

그러므로 부자가 빈자보다 천국을 소유하기 어려운 이유는 분명합니다. 천국은 확정된 가격이 있는 것이 아니라 개개인들이 가진 소유가 그 가격에 해당됩니다. 다시 말해서, 천국을 갖기 위해 지불해야 하는 가격은 상대적입니다(막 12:41~44). 따라서 소유한 재산이 많으면 많을수록 천국을 위해 지불해야 하는 가격은 높아질 수밖에 없습니다(눅 12:48). 재산이 많으면 많을수록, 천국을 갖는 것이 더욱 어려워지게 됩니다(마 19:22). 돈이 많으면 많을수록 천국을 가지지 못하는 비율은 높아집니다(전 5:10~12).

이미 천국을 발견하고서도 그 천국의 가치와 자기 소유의 가치를 계산하며(레 19:36) 자신의 소유를 다 팔아 버리는 것을 아까워하는 자는 안타깝게도 천국을 소유할 가능성이 적습니다(마 19:22). 자신의 소유가 아무리 크고 많을지라도, 천국을 발견한 자는 그 천국의 비교할 수 없는 절대적 가치에 크게 기뻐하며 자신의 모든 소유를 하나님께 드리는 것이 올바릅니다(롬 12:1). 이것이 천국을 가질 만한 자격이 있는 사람이 가져야 할 마땅한 태도입니다(마 22:14).

MERCI
BIBLICAL
FINANCE

제1부 · 제8장

올바른 부자

제 8 장 올바른 부자

세상적인 돈의 시스템과 성경적인 돈의 시스템은 현저히 다릅니다(사 55:8~9). 세상적인 돈의 시스템은 남의 것을 자기 것으로 소유하기 위해 다투고 속이고 미워하지만, 성경적인 돈의 시스템은 자기 것을 남에게 나누어 주면서 기뻐하고 서로 사랑합니다. 부자가 되는 것은 우리가 부유함으로부터 진정한 쉼을 얻고 하나님이 주신 기쁨을 누리게 하기 위함인 것이지(눅 19:8), 끊임없이 무엇인가를 소유하려는 긴장된 욕망을 가지고서 우리의 평안과 기쁨을 소모하게 하려는 목적이 아닙니다(마 25:24~25, 잠 15:13, 17:22).

2010년, 마이크로소프트 창업자 빌 게이츠와 '투자의 귀재' 워런 버핏이 주도하여 총 40명의 억만장자가 재산의 절반 이상을 사회에 환원하기로 서약했습니다. 이들이 기부할 재산을 전부 합치면 최소 175조원에 달한다고 합니다. 또한 최근에는 원로 영화배우 신영균 씨가 500억을 기부하여 화제가 되었습니다. 신영균 씨는 철저한 자기 관리 못지않게 재무 관리도 탄탄했던 연예계 최고의 자산가로 알려져 있습니다. 재산의 일부를 사회에 환원하겠다는 결단에 가족들도 적극적인 지지를 보냈습니다. 그는 독실한 기독교 신자로서, 자기가 죽을 때에 '내 관 속에 성경책 한 권만 넣어 달라'고 말했다고 합니다.

미국의 억만장자들과 신영균 씨의 기부는 초기 기독교 공동체의 모습을 따른 것입니다. 그들은 성경의 가르침을 따라 자신이 일구어 놓은 부를 사회에 환원했습니다. 이런 사람들은 거대한 부의 축적이 오직 자신의 힘에 의해서가 아니라 '더불어 다함께' 모두의 힘에 의해서 가능했다고 생각하는 기독교 공동체 의식(행

2:44~45)을 갖고 있습니다.

세상적인 욕망의 가치를 따르는 기업은 오직 이윤만을 추구합니다. 그러나 기업이 세상에서 얻은 부는 결코 그 기업의 소유물이 아닙니다(학 2:8). 이 세상의 모든 부는 본래 하나님의 것이므로(시 24:1), 하나님의 뜻이 향하는 곳으로 흘러가야 합니다(출 23:10~11). 내가 소유한 부는 '더불어 다함께 나누는 삶'으로 향해가야 합니다(행 2:45).

세상의 부는 '가지는 일'에 목적을 두고 있지만, 하나님의 부는 '나누는 일'에 목적을 두는 것입니다(행 4:32). 사실 이 차이는 매우 미묘한 백지 한 장 차이 같은 것입니다. '나누는 일'은 물질보다 하나님을 먼저 생각하지만, '가지는 일'은 하나님보다 물질을 먼저 생각한다는 차이가 있을 뿐입니다(마 6:24).

우리는 너그럽게 다른 이들에게 나누어 줄 수 있는 사람이 되어야 합니다(잠 31:20). 내가 가진 재정에서 다른 이들의 필요를 위하여 계획을 세울 필요가 있습니다(잠 28:27). 성경은 타인의 물질적 필요에 물질로 화답하는 것이 곧 하나님의 일을 대신하는 것이라고 분명하게 말씀하고 있습니다(신 15:7, 욥 36:15~16). 하나님은 한 사람의 부를 통해 의식주도 제대로 해결하지 못하는 어려운 이웃을 돕게 하기를 원하십니다(요일 3:17). 하나님은 우리의 이러한 기부와 선행에 대하여 반드시 갚아주신다고 하셨습니다(잠 28:27).

성경은 "가난한 자를 불쌍히 여기는 것은 여호와께 꾸이는 것이니 그 선행을 갚아 주시리라"(잠 19:17)라고 말씀합니다. 사회에 재산을 환원함으로써 하나님의 일을 청지기의 사명으로 감당하는 자에게는 반드시 더 좋은 보상이 따른다고 성경 곳곳에서 언급하고 있습니다(잠 8:21, 마 6:4). 내가 소유한 물질을 다른 사람과 적극적으로 나누었음에도, 여전히 물질이 부족함을 느끼지 못하고 오히려 물질이 지속적으로 적절하게 채워지는 경험과 함께, 이 땅의 삶에서 더욱 새롭고 풍요로운 가치를 깨닫게 됩니다(잠 11:25, 빌 4:19).

하나님은 적절한 자격을 갖춘 사람을 선택하여 부자로 만들어 천국 창고에 돈을 쌓게 하기를 원하십니다.

성경은 이렇게 말씀합니다. “너희 소유를 팔아 구제하여 낡아지지 아니하는 주머니를 만들라 곧 하늘(천국 창고)에 둔 바 다함이 없는 보물이니 거기는 도적도 가까이하는 일이 없고 좀도 먹는 일이 없느니라 너희 보물 있는 곳에는 너희 마음도 있으리라”(눅 12:33~34). 성경은 헐벗고 굶주린 가난한 사람을 돕는 일(신 15:7)이 하나님이 원하시는 뜻이고, 천국 곳간(창고)에 돈을 쌓아두는 일이라고 말씀합니다(잠 8:21).

세상 사람들은 행복을 단지 물질적 소유에서 찾습니다. 그러나 하나님께 순종하는 사람은 돈의 소유를 넘어 하나님의 방법인 성경의 재정에 따라 돈을 사용하여 천국 창고에 돈을 쌓아두는 데서 진정한 기쁨과 행복을 찾습니다(말 3:10).

성경은 이렇게 말씀합니다. “이는 나(하나님)를 사랑하는 자가 재물을 얻어서 그 곳간(창고)에 채우게 하려 함이니라”(잠 8:21). 당신은 하나님의 진정한 복을 받을 그릇, ‘천국 창고’를 가지고 있습니까? 천국 창고를 마련한다는 것은 단순히 돈을 쌓아둔다는 것 이상의 의미를 갖고 있습니다. 이것은 우리가 모든 일에 하나님께 순종하고, 하나님의 뜻대로 하나님께서 우리 삶을 통하여 일하시도록 모든 것을 맡기는 삶을 살겠다는 결단입니다(신 7:9, 히 11:6, 12:28).

그래서 우리의 재정은 천국의 관점에서 다시 시작해야 합니다. 천국의 관점이 없다면 올바른 천국 백성, 하나님의 자녀가 될 수 없습니다(마 19:22). 이 땅에서 실행했던 나의 재정관리는 저 영원한 천국(계 22:5)에서 최종 평가를 받게 됩니다. 그러므로 우리는 주님 앞에서의 마지막 결산을 생각하며(벧전 1:17, 롬 14:10) 끊임없이 나누고 드리는 삶을 살아야 합니다(행 2:44~45).

세리장이로 부자였던 삭개오는 예수님을 만난 후에 자신이 죄인이며 이 세상이 알지 못하는 저 천국이 존재함을 알았고 진정한 행복이 무엇인지를 깨달았습니다. 삭개오는 예수님께 "내 소유의 절반을 가난한 자들에게 주겠사오며 만일 누구의 것을 속여 빼앗은 일이 있으면 네 갑절이나 갚겠나이다"(눅 19:8)라고 서약하였습니다.

이 땅에서 진정으로 행복한 사람은 이 땅의 재물에 소망을 두지 않고 하나님과 천국에 소망을 두고 있습니다(눅 10:20). 이미 천국에 속하여 하나님의 명령을 실천하는 사람들은 타인을 위해 본인의 재산을 사용하고서도 행복해 합니다(빌 3:1, 4:4, 살전 5:16). 이러한 행복은 세상이 줄 수도 없고 세상이 알지도 못하는 행복입니다(시 37:4). 이것이 진정으로 이 땅의 돈을 천국의 돈으로 바꾸어 쓰는 사람입니다(마 13:44). 진정으로 나눌 줄 아는 사람만이 진정 올바른 부자입니다(잠 8:20~21). 하나님께서 우리에게 맡겨 주신 물질을 하나님과 이웃에 대한 사랑과 봉사의 목적으로 사용하고 관리하는 것이 하나님의 뜻입니다(잠 11:24~25). 돈이란 소유하기 위해 존재하는 것이 아니라 청지기로서 천국을 확장시키고, 천국을 누리고, 천국을 나누는 도구에 불과합니다(눅 12:33).

이 세상을 살아가는 사람은 누구나 돈이 필요하며 가족과 자신의 생존을 위해서 돈을 벌어야 할 의무가 있습니다(잠 6:6~8). 그렇지만 하나님이 사용하시는 사람은 자신만의 생존을 위해 돈을 벌기보다는 하나님의 뜻을 위해 돈을 벌어야 합니다(호 6:3). 하나님은 우리가 주위의 사람들을 도울 수 있을 만한 부를 얻었다면 그 부를 가지고서 이웃과 사회에 봉사하는 기쁨을 알고 누리길 원하십니다(잠 11:24~25). 구제하는 일은 하나님께서 참으로 기뻐하시는 일입니다(사 49:13). 하나님은 하나님의 물질축복을 받은 우리가 다른 사람들을 위한 물질축복의 통로가 되기를 바라십니다(고후 2:15).

이 세상에는 자기 자신에게는 부요하면서도 하나님께는 부요하지 못한 사람들이 많습니다(잠 28:16, 28:22). 그러나 하나님은 친히 우리의 일상의 필요를 채워주시겠다고 성경에서 여러 번 말씀하셨습니다(눅 12:30~31). 예수님은 인색하게 재물을 기부하던 부자들보다, 자기 자신도 가난함에도 본인의 생활비 전부인 두 렙돈을 천국 곳간에 쌓아 둔 한 과부를 훨씬 더 크게 칭찬하셨습니다(눅 21:1~4). 하나님은 우리가 다양한 장소에서 일하며 필요한 물질(월급, 소득)을 얻게 하셨습니다(행 18:1~3). 그 물질 속에는 당연히 우리 자신을 위한 몫도 있지만, 그 외에도 가난한 자들에게 사용하여 천국 창고에 쌓아놓도록 주시는 몫이 있습니다(눅 12:33).

인색한 부자는 소득이 풍성하여 자기를 위한 창고를 짓고 재산을 쌓아둘 줄은 알지만 하나님에 대하여 재산을 드릴 줄은 모릅니다(눅 12:16~21). 그런 사람들은 이 성경 말씀을 반드시 읽어 볼 필요가 있습니다. "네가 이 세대에서 부한 자들을 명하여 마음을 높이지 말고 정함이 없는 재물에 소망을 두지 말고 오직 우리에게 모든 것을 후히 주사 누리게 하시는 하나님께 두며 선을 행하고 선한 사업을 많이 하고 나누어 주기를 좋아하며 너그러운 자가 되게 하라"(딤전 6:17~18).

성경적인 모범은 우리 자신을 위해 부 쌓기를 갈망하는 자가 되기보다는 부를 흘려서 보내주는 자가 되는 것입니다(잠 3:27~28, 눅 19:8). 다른 사람과 그 복을 나누라는 이웃 사랑의 정신은 바로 예수님의 사랑의 정신입니다(고후 8:14). 정직하게 벌어서 열심히 나누며 서로 섬긴다면 하나님이 크게 기뻐하십니다(잠 14:31).

재물이 성경적으로 잘 운영되고 있다면, 재물은 하나

님을 섬기는 선한 곳으로 흘러들어 갑니다(눅 12:33). 기부와 이웃돕기를 다하고도 우리는 얼마든지 여유 있게 살아갈 수 있습니다(잠 11:24). 또한 성경은 이렇게 권면하여 말씀합니다. "각각 그 마음에 정한 대로 할 것이요 인색함으로나 억지로 하지 말지니 하나님은 즐겨 내는 자를 사랑하시느니라"(고후 9:6~7). 하나님이 주신 물질을 즐거운 마음으로 이웃과 더불어 나눌 수 있어야 합니다(고후 8:14). 물질이 하나님의 것(시 24:1)이기에 즐겁게 하나님께 드릴 수 있고 또 이웃을 위한 구제와 기부도 기쁨으로 할 수 있습니다(잠 11:25).

천국 창고에는 돈만 들어오고 나가는 것이 아닙니다(마 13:52). 이웃을 위한 관심과 사랑, 따뜻한 배려의 말 한마디도 쌓아둘 수 있습니다(잠 14:21). 우리는 근본적으로 돈으로부터 자유해져서 날마다 하나님을 생각하면서 하나님이 기뻐하시는 길로 걸어가야 합니다(사 49:13, 시 37:4). 성실하고 정직하게 벌고, 열심히 나누고, 서로 섬기면 하나님이 기뻐하실 것입니다(고후 13:11). 그렇게 되면 우리의 마음이 따뜻해집니다(빌

2:18, 3:1). 나의 마음이 새로워지면서, 하나님의 사랑과 천국의 풍성함이 지금 나의 마음에 넘치게 될 것입니다(요일 3:17). 미래에 있을 천국의 기쁨을 이 땅에서 이미, 벌써, 미리 누리게 되는 것입니다(사 65:17~25).

내가 부자가 되는 것은 정말로 하나님의 뜻일까요? 그것은 나의 마음의 상태나 조건에 달려있는지도 모릅니다(눅 12:34). 당신의 마음의 중심이 하나님을 향해 있고 하나님의 뜻을 온전히 따르고 있어서 이웃 사랑에 대한 뜨거운 열망이 있다면(눅 12:33), 일단 당신도 부자가 될 수 있는 자격과 조건은 갖추었다고 볼 수 있습니다.

올바른 부자는 하나님 사랑, 예수님 사랑, 이웃 사랑을 실천해야 할 사명을 부여받은 사람입니다. 또한 그러하기에 반대로, 그 사명을 실천하기 위해서는 올바른 부자가 되어야 합니다(잠 29:14). 올바른 부자, 깨끗한 부자, 정직한 부자, 근심 없는 부자, 또한 마음의 부자가 되어야 할 것입니다(눅 3:7~11).

MERCI
BIBLICAL
FINANCE

제1부 · 제9장

올바른 공동체

제 9 장 올바른 공동체

초기 기독교 공동체는 아주 이상적인 모습을 보여 주었다고 성경에 기록되어 있습니다. 초기 기독교 공동체에서는 전 재산의 공동 소유와 투명한 분배를 기본 원칙으로 하였습니다. 회원들은 더불어 다함께 지내며, 모든 물건을 서로 통용하였고, 자기 재산과 소유물을 팔아 여러 회원들의 필요를 따라 나누어 주었기 때문에 공동체 안에서 가난한 사람이 없었습니다(행 2:44~45, 4:34). 사도 바나바도 밭을 팔아 사도들의 발 앞에 두어서 기부하였습니다. 예수님과 동행한 12제자 공동체에서도 가룟 유다가 재정을 맡아 가지고 있었으며, 일행은 그 돈을 공동으로 소유하며 필요에 따라 받아서 썼다고도 합니다. 초기 기독교 공동체는 모든 재산을 하나님의 소유물로 여기고 개인적인 뜻대로 사용하지 않았으며 정직하고 투명한 분배의 정신을 매우 중요하게 생각했습니다. 만약 누군가가 이러한 공동체의 나눔의 문화를 깨트리게 되면 공동체의 근간을 뒤흔드는 중대한 범죄로 간주하여 엄격한 책임과 처벌을 받았습니다(수 7:1~26, 행 5:1~11).

그런데 흥미로운 것은, 초기 기독교 공동체는 공산주의 체제와 거의 비슷했습니다. 초기 기독교 공동체는 중세 수도원 생활방식에 큰 영향을 주고 심지어 공산주의에도 영향을 주었습니다. 초기 기독교의 형태가 공산주의의 원형이 되었다는 주장은 부분적으로는 맞다고 볼 수 있습니다. 성경의 초기 기독교 공동체를 예로 들어서 공산주의가 성경의 재정인 것으로 막연히 생각하는 사람들도 있습니다.

초기 기독교와 공산주의는 '유토피아', 즉 이상향을 추구한다는 점에서 공통점이 있습니다. 두 사상 모두

"누구나 골고루 잘 살게 하자"는 목표를 갖고 있습니다. 둘 다 공유와 공용을 바탕으로 공동 생산과 공동 소유를 최고의 이념으로 생각합니다. 집단 사업장 같은 곳에서 똑같이 일하고 똑같이 분배하자고 주장합니다.

그러나 초기 기독교와 공산주의의 차이점은 매우 큽니다. 무엇보다도, 기독교에는 하나님이 있지만 공산주의에는 하나님이 없습니다. 초기 기독교 공동체의 나눔 생활은 하나님의 은혜를 받고 기쁜 마음으로 행동했던 자발적인 베풂의 성격이 강했습니다. 이는 성경에서의 하나님의 명령을 따른 선행의 실천이었습니다.

"이스라엘 자손에게 명령하여 내게 예물을 가져오라 하고 기쁜 마음으로 내는 자가 내게 바치는 모든 것을 너희는 받을지니라"(출 25:2), "너희의 소유 중에서 너희는 여호와께 드릴 것을 택하되 마음에 원하는 자는 누구든지 그것을 가져다가 여호와께 드릴지니 곧 금과 은과 놋과"(출 35:5), "이는 마게도냐와 아가야 사람들이 예루살렘 성도 중 가난한 자들을 위하여 기쁘게 얼마를 연보하였음이라 저희가 기뻐서 하였거니와 또한 저희는 그들에게 빚진 자니 만일 이방인들이 그들의 영적인 것을 나눠 가졌으면 육적인 것으로 그들을 섬기는 것이 마땅하니라"(롬 15:26-27), "각각 그 마음에 정한 대로 할 것이요 인색함으로나 억지로 하지 말지니 하나님은 즐겨 내는 자를 사랑하시느니라"(고후 9:7).

하지만 공산주의는 사유 재산을 강제로 뺏어서 골고루 평등하게 분배하는 방식이었습니다. 이는 기부, 나눔, 선행의 자율성을 박탈합니다. 둘 다 '공동 소유'라는 형태는 비슷해 보이지만, 공산주의는 강압적으로 이런 공동체 사회를 만들려고 했습니다. 공산주의는 개인의 의지를 무시하고 소유의 일부를 법으로 기계적으로 떼어가는 구조입니다.

개인의 모든 소유를 평등하게 만든다고 해서, 정말로 모든 사람이 완벽하게 평등해지는 것은 아닙니다. 소유의 불평등의 문제는 단순히 개인의 재산을 1/n으로 나누어 분배하기만 하면 해결되지 않습니다. 또한, 개인의 소유가 없어진다고 해서 태생적이고 본능적인 인간의 소유욕이 사라지지 않습니다.

마르크스라는 사상가가 초기 기독교 공동체의 모습을 모델로 공산주의를 사상을 만들었다고 합니다. “사유 재산이 많은 지주와 부르주아들로부터 빼앗아서 필요한 사람들에게 나눠 준다”는 방식을 주장했습니다. 그는 공동 생산, 공동 사용, 공동 소유를 이상으로 한 공산주의 국가를 시도했습니다.

하지만 처음에는 이상적이고 평등했던 공산 사회가 점차적으로 붕괴되었고 오히려 중세 봉건체제로 돌아가는 모습이 나타났습니다. 공산주의는 최초의 발상은 그럴 듯 했지만, 오히려 강력한 계급구조의 1인 독재정권이 생기고 더욱 불평등한 사회로 퇴락하면서 결국 멸망했습니다. 소련이 주도한 공산주의는 실패하고 말았습니다.

공산주의의 실패의 가장 큰 원인은 개인 소유를 허용하지 않았기 때문입니다. 이는 사유 재산을 허용하지 않는 국가는 반드시 멸망한다는 것을 보여줍니다. 지금의 러시아, 중국, 베트남은 공산주의와 자본주의가 적절하게 조합된 경제 체제일 뿐, 이제는 진정한 공산주의 체제도 아닙니다.

모든 재산을 공유하는 공산주의 경제체제로 시작하여 확실한 개혁개방을 하지 못한 채 여전히 가난한 북한과 달리, 사유재산을 인정하는 자본주의 체제를 채택한 대한민국은 크게 부유해졌습니다. 자본주의 국가에서 개인은 자기가 원하는 것을 얻고자 자유롭게 노동에 참여하여 돈을 얻습니다. 자본주의는 개인의 소유권을 인정합니다. 자본주의 경제체제는 모든 이가 소유의 욕망을 충족시키기 위해 끊임없이 경쟁하기 때문에 결국 국가 공동체 전체가 부유하게 될 수 있습니다.

자본주의의 시작은 기독교에 의해 시작되었습니다. 막스 베버라는 학자는 자본주의 정신의 뿌리로 칼빈주의를 들었습니다. 칼빈주의는 노동을 통하여 부를 축적하는 것을 하나님의 뜻과 복으로 생각하는 사상입니다. 그래서 자본주의 정신은 돈벌이를 자기 자신의 의식주를 해결하는 것 뿐만 아니라, 하나님의 명령을 따르는 청지기적 소명으로서 인생의 최고 목적으로 여기는 것입니다. 그러므로 하나님은 한 개인이 돈을 더 많이 버는 일을 나쁘게 생각하지 않습니다. 하나님은 한 개인이 계속하여 부를 추구하는 것을 좋게 보실 뿐만 아니라, 어떤 면에서는 더 큰 부를 축적할 필요도 있습니다. 자본주의 경제체제의 핵심인 사유재산과 돈벌이를 기독교는 인정합니다.

현대 사회가 지향해야 할 올바른 공동체는 공산주의도 아니고, 과거의 초기 기독교 공동체를 모범으로 삼아 똑같이 따라하는 것도 아닙니다. 사도 바울이 공동체의 나눔의 정신을 매우 강조하기는 했지만, 정말로 개인의 모든 소유를 포기하는 사유재산 폐지와 공동소유로 향해야 한다고 주장하지는 않았습니다. 사실, 초대 기독교 공동체에 나타난 이상적인 공산주의 사회도 오래 가지는 못했습니다. 절대적으로 행복하게 가기만 할 것 같았던 하나님 은혜로 모여진 공동체도 물질의 부족을 겪으면서 불만을 가지는 사람들이 나타났고, 이후 예루살렘 교회의 박해를 받고서 해산되고 말았습니다.

물론 초기 기독교 공동체가 추구했던 하나님 은혜로

의 자발적인 나눔과 베풂의 정신이나 공동 소유, 공동 분배의 그 정신만큼은 우리가 여전히 존중하고 본받을 필요가 있습니다. 현재 우리가 살아가고 있는 자본주의 사회는 많은 부분에서 불평등한 것은 사실입니다. 현대 사회에서 경제적인 불평등은 궁극적으로 해결되기 어려울 것입니다. 하나님은 모든 형태의 노예적 삶에서 해방되기를 원하시지만, 현대 사회는 극심한 경쟁과 적자생존의 법칙으로 강자가 약자를 여전히 노예처럼 착취하고 있습니다. 자본주의 경제체제는 새로운 독재 정권이며, 새로운 맘몬의 우상이 되었습니다.

그러므로 현 시대야말로 초기 기독교 공동체의 정신이 긴급하게 필요한 때입니다. 우리가 하나님 보시기에 올바른 공동체로 가기 위해서는 서로 겸손하게 배려하고 감사하며 한마음 한뜻으로 더불어 다함께 자발적으로 베풀고 나누었던 초기 기독교 공동체의 모습을 닮아가야 합니다.

평등한 사회는 자발적 나눔이 바탕이 되었던 초기 기독교 공동체가 일종의 대안이 될 수도 있을 것입니다.

개인 소유와 사유 재산을 기본적으로 인정한 상태에서, 현대의 공동체에도 초기 기독교 공동체의 구조를 부분적으로는 실험하고 적용해 볼 필요도 있습니다. 지금도 초기 기독교 공동체의 이상을 추구하여 그 형태와 유사한 신앙공동체를 이루고 살아가는 종교인들이 있습니다. 그러나 이러한 공동체는 일시적 혹은 제한적으로는 가능할지는 몰라도, 오늘날과 같은 자본주의 체제 상에서는 온전하게 존재할 수 없는 구조입니다.

어떤 방식이든, 우리는 절대적인 공산주의적 공동체로 가서는 안 될 것입니다. 현재의 자본주의 경제체제의 사유재산을 인정하는 상태에서 하나님 은혜의 공동체를 만들어야 합니다. 개인 각자의 사유재산을 확보한 상태에서, 하나님 은혜의 기쁨으로 자발적으로 기부하고 베풀고 더불어 다함께 나누는 것이 가장 바람직한 성경적인 공동체의 모습입니다.

MERCI

BIBLICAL

FINANCE

제 1부 · 제 10장

마음의 부자

제 10 장 마음의 부자

성경에서는 "자기의 재물을 의지하는 자는 패망하리라"(잠 11:28)라고 말씀합니다. 세상은 우리가 돈에 집착하게 하고 계속하여 모으고 쌓아 놓으라고 유혹합니다. 세상의 부를 좇아 부자가 된 대부분의 사람들은 사실은 우리가 아무것도 소유할 수 없으며(사 64:8) 모든 것이 하나님의 소유임을 이해하지 못합니다(눅 12:42, 계 3:17). 세상 사람들은 돈을 무한정 가지고 있다면 무엇이든 다 할 수 있을 것이라고 생각합니다(전 12:1). 그러나 솔로몬처럼 마음껏 쓸 수 있는 많은 돈을 가진 부자라 할지라도, 그들의 삶의 이면을 들여다보면 가진 재산으로부터 영원한 만족을 결코 느끼지 못한다는 것을 알 수 있습니다(전 1:13~14).

세상의 부는 일순간의 쾌락을 가져다 줄 수 있을지는 모르지만 결국은 참으로 공허합니다(전 11:9~10, 12:8). '성경의 재정'을 좇지 않고서 부자가 된 사람들은 대부분 속마음으로 이렇게 생각하고 있을 것 같습니다(눅 12:15, 골 3:5).

'나는 현재 내가 꿈꾸어 왔던 모든 것을 다 가졌어. 온 세상 사람들이 나를 쳐다보며 부러워 해. 그런데도 내 마음 속은 왜 이렇게 텅 빈 것 같이 느껴질까? 돈을 계속 쓰고 있는데 왜 더 이상 즐겁지 않은 것이지? 왜 행복한 느낌이 없을까? 나는 모든 것을 다 가졌는데 여전히 무엇이 부족한 것일까?'(전 1:2~3, 6:2)

세상적으로 성공한 많은 부자들이 이성적인 머리로는 하나님의 존재를 인정하기도 하지만(행 17:22) 진정한 마음으로는 인정하지 않습니다(롬 1:19~20). 그들의 마음은 오직 돈을 버는 일과 그 돈으로 살 수 있는 것들에 온통 사로잡혀 있습니다(롬 1:21~23).

그래서 하나님은 대부분의 부자는 하나님의 나라인 천국에 들어가기 어렵다고 말씀하신 것입니다(전 5:12, 막 10:23). 돈에 집착하는 삶을 살 때 우리는 마음속에 천국을 품기 어려워집니다(마 26:15, 요 13:2). 하나님이 아닌 맘몬의 생각으로 부를 축적하는 일은 결국 우리의 정신을 흐트러뜨립니다(마 27:3~5). 세상의 부를 더 많이 가지면 가질수록 적당한 만족을 누리기보다는 더 많이 가지고 싶어하는 자신을 발견하게 됩니다(잠 1:22, 1:32, 14:18, 26:4).

벤자민 프랭클린은 이렇게 말했습니다. '이제껏 돈이 사람을 행복하게 한 적이 한 번도 없었던 것처럼 앞으로도 그럴 것이다. 본질상 돈은 행복을 창조할 수 없다. 많이 가지면 가질수록 더 많이 원하게 될 뿐이다. 돈은 진공을 채워주는 것이 아니라 진공을 만들어 낸다. 돈이 만약 한 가지 욕구를 채워준다면 다른 곳에서 두 배 세 배로 욕구가 늘어나는 법이다.'

돈은 우리에게 진정한 만족과 평안을 줄 수 없습니다(전 5:10). 진정한 만족과 평안은 세상의 물질에서가 아닌 오로지 인간의 속마음에서만 찾을 수 있습니다(마 15:18). 그러므로 세상의 재정원리를 따르는 것을 멈추고 '성경의 재정'을 우선순위에 두어 당신의 마음을 새롭게 해야 합니다(마 9:17, 막 2:22, 눅 5:38).

먼저 여러분의 영혼이 잘 되어야 합니다(요삼 1:2). 진정한 부자가 되려면 우리의 마음이 부자가 되어야 하고, 우리의 마음이 부자가 되기 위해서는 우리의 영혼이 '완전히 새롭게' 바뀌어야 할 것입니다(고후 5:17). 우리의 영혼을 언제나 하나님의 말씀인 성경에 일치시킴으로써 우리는 점점 하나님과 닮아져서 생각하고, 말하고, 행동하게 될 것입니다(행 20:24, 딤후 4:7). 이렇게 될 수 있다면 우리는 이미 천국을 마음속에 소유한 부자, 진정한 마음의 부자가 된 것입니다(딤후 4:8).

하나님은 우리가 돈 문제로 인한 근심이나 의심이 우리 마음속에 들어와 있는 것을 원치 않으십니다(눅 12:29~30). 우리의 마음이 근심과 의심으로 가득 차 있다면 어떻게 마음속에 천국을 소유한 부자로 살아갈 수 있겠습니까?(눅 12:25~28)

하나님이 진정으로 원하시는 부자가 되려면, 먼저 우리의 마음이 먼저 하나님이 원하시는 부자로 만들어져야 합니다(잠 17:3, 사 48:10, 히 12:11, 벧전 1:7, 4:12). 하나님은 우리의 마음을 '완전히 새로운' 마음으로 만들고 싶어 하십니다(슥 13:9, 말 3:3, 롬 5:4). 우리의 마음은 바뀌어야 하고 새롭게 태어나야 합니다(요 3:5). 진짜 부유한 장소인 천국을 지금 마음속에 소유하여 그 안에 거해야 합니다(마 13:44). 그것은 이전의 방식은 버리고 새롭게 시작하는 것입니다(엡 4:22~24). 새 술은 새 술통에 담아야 합니다(눅 5:38). 마음 속 천국의 부유함을 풍성하게 누릴 때, 비록 지금 이 세상에서 고난을 겪을지라도 우리의 마음은 언제나 기쁨으로 가득 찰 것입니다(잠 16:8). 우리가 하나님의 말씀인 성경 안에 계속 거할 때, 우리는 천국을 소유한 마음의 부자로 살게 됩니다.

돈은 필요한 것입니다. 그러나 하나님은 우리를 외모로 판단하지 않으시며 빈부를 차별하지 않으십니다(신 1:17, 행 10:34, 롬 2:11, 갈 2:6, 골 3:25, 벧전 1:17). 중요한 것은 우리가 가난하든 부하든 간에 하나님 앞에 지금 내가 어떤 모습으로 서 있는가, 존재하는가, 살아가는가 하는 점입니다(잠 30:8~9). 내가 현재 빈자냐 부자냐를 떠나서, 과연 내가 하나님 앞에 진정으로 의미 있는 존재로서 지금 서 있는지를 점검할 필요가 있습니다(잠 16:1~2).

이 세상은 오로지 돈이 최고지만, 진정한 천국이란 세상에서의 돈의 개념과는 거리가 멀게 느껴지기도 합니다(골 3:2). 진짜 부자, 참된 부자란 이 세상에서 돈이 많고 적음에 따라 주어지는 것은 아닙니다(잠 30:8~9). 이런 부자가 '마음의 부자'입니다(눅 12:33~34). 마음의 부자는 천국의 보화를 발견하고 지금 얼마나 풍성히 누리는가의 문제입니다(마 13:44).

예수님이 복에 대하여 생각하시는 관점은 우리가 일반적으로 세상에서 기대하는 것과는 무언가 다른 점이 있는 것 같습니다(마 10:34~36). 예수님이 자주 말씀하시던 복이란 우리가 정말로 구원을 받아 지상과 다른 세계인 천국으로 가는 복이라는 의미도 더불어 다함께 갖고 있습니다(히 10:39, 벧전 1:9). 성경은 우리가 천국에 가서 하나님을 직접 만나게 되고, 하나님으로부터 위로받게 되는 일(계 21:1~4)이 있을 것이라고 하는데, 그러한 말씀은 '이 땅에서 물질축복을 받는다'는 것과는 어딘가 다른 복을 의미하는 것 같습니다.

성경을 한쪽으로만 치우쳐 생각하기 쉽습니다. 복에 대한 하나님의 뜻을 한쪽으로만 알고 있다면 성경이 무작정 이 땅에서 잘 살며 부자가 되고 성공하는 복만을 이야기하고 있다고 오해하기 쉽습니다(욥 8:7). 성경에는 지상적이고 육체적인 물질축복도 많이 말하고 있지만, 그것도 무작정 부자가 되고 세상적으로 성공하는 복만을 의미하는 것은 아닙니다(욥 42:10, 전 2:4~11).

성경은 부자에 대하여 긍정하기도 하지만 부정적인 말씀도 매우 많습니다(잠 28:6, 전 4:13~14). 성경은 반복해서 부의 축적을 강력하게 경고합니다. "부자 되기에 애쓰지 말고 네 사사로운 지혜를 버릴지어다 네가 어찌 허무한 것에 주목하겠느냐 정녕히 재물은 스스로 날개를 내어 하늘을 나는 독수리처럼 날아가리라"(잠 23:4~5), "충성된 자는 복이 많아도 속히 부하고자 하는 자는 형벌을 면하지 못하리라"(잠 28:20). 예수님은 부자가 천국에 들어가기가 낙타가 바늘귀를 통과하는 것보다 어렵다(눅 18:25)고 하셨습니다.

예수님은 기본적으로 물질이 가난한 자들에게는 그나마 어떤 희망을 갖고 계신 듯 했지만, 재물이 풍족하여 이 세상에서 잘 먹고 잘 살고 있는 부자들은 매우 날카롭게 비판하셨습니다. "그러나 화 있을진저 너희 부요한 자여 너희는 너희의 위로를 이미 받았도다 화 있을진저 너희 지금 배부른 자여 너희는 주리리로다 화 있을진저 너희 지금 웃는 자여 너희가 애통하며 울리로다"(눅 6:24~25).

예수님은 왜 이렇게 부자들에 대하여 사실상 저주를 퍼붓는 듯한 말씀까지 하셨을까요? 돈이 많으면 많을수록 자연스럽게 하나님의 말씀과 점점 더 멀어지는 삶을 살게 될 확률이 높아지기 때문입니다(마 13:22). 그러므로 우리는 돈을 버는 일에만 혈안이 되어서는 안 됩니다(잠 8:10). 물질적 성공을 인생의 최우선 순위로 여기면 안 됩니다. 하나님께서는 "부자는 그 부함을 자랑하지 말라"(렘 9:23)고 말씀하십니다. 세상의 부는 천국을 멀리하게 만들고 우리 인생을 돈의 노예로 만들 수 있습니다(눅 12:21). 성경은 돈의 노예된 자는 스스로 만족할 수 있는 충분한 부를 절대 가질 수 없으며 끊임없이 더욱 더 움켜쥐려는 헛된 일에 빠질 것이라고 말씀합니다(전 5:10).

성경은 부를 갈망하는 덫에 빠지지 않도록 이렇게 경고합니다. "부하려 하는 자들은 시험과 올무와 여러 가지 어리석고 해로운 욕심에 떨어지나니 곧 사람으로 파멸과 멸망에 빠지게 하는 것이라"(딤전 6:9). 예수님께서는 "삼가 모든 탐심을 물리치라 사람의 생명이 그 소유의 넉넉한 데 있지 않다"(눅 12:15)라고 하시며 세상적 부를 경계하셨습니다(잠 13:11).

하나님의 뜻이 빠져있는 돈 그 자체로는 마음의 만족을 구할 수 없습니다(전 5:10~12). 돈만으로는 평안과 행복을 얻을 수 없습니다(잠 13:8). 돈만으로는 슬픈 마음을 진정으로 위로할 수 없고, 낙심한 마음에 희망을 줄 수 없습니다(잠 17:22). 성경에 등장하는 믿음의 조상 아브라함은 세상적으로 큰 부를 누렸습니다(창 13:2). 그러나 정작 아브라함은 자기 자신의 부유함을 대단하게 생각하지 않았습니다. 다만 내 마음 속의 진정한 부유함인 '천국'을 끝까지 지키며 살았을 뿐입니다(창 17:4~8).

하나님의 진정한 관심은 우리의 '마음'에 있습니다(잠 15:13). 우리가 인생에서 최종적으로 관심을 가져야 하는 것은 내 마음의 부자인 천국입니다(눅 17:21). 물질의 부자보다는 마음의 부자가 되어서 근본적으로 물질로부터 자유로워지고(고후 6:10), 매일매일 마음의 천국 안에 들어가서 진짜 부자로 살아야 합니다(잠 22:1~2). 그래서 예수님은 "네 보물 있는 그 곳에는 네 마음도 있느니라"(마 6:21)라고 말씀하셨습니다.

천국은 세상 사람이 가진 어떤 재산과도 결코 비교할 수 없는 엄청나고 절대적인 가치가 있습니다(계 21:1~7). 그러나 모든 사람들이 천국의 절대적인 가치를 깨닫는 것은 아닙니다(계 21:8). 오히려 대부분의 사람들이 그 진정한 가치를 온전히 깨닫지 못하기 때문에, 천국을 갖는데 실패합니다(마 13:1~52).

적지 않은 이들이 천국에 대하여 어느 정도 관심을 갖고 있으면서도 정작 천국의 절대적인 가치를 깨닫지 못하고 있습니다(롬 1:20~23). 수많은 사람들이 이 세상의 물질적 쾌락이 가져다주는 헛된 가치를 포기하지 못하고, 예수님을 찾아왔던 부자 청년처럼 자신이 가진 모든 소유에 대한 소유권을 하나님께 넘겨드리지 못하고 있습니다. 그들은 천국의 가치를 그들이 가진 재물의 가치보다 못하다고 생각하기 때문에 진정으로 천국을 소유하는 데 실패합니다(롬 1:20).

그러나 천국의 진정한 가치를 인지한 자는 자신이 소유한 재산이 아무리 많을지라도 그것이 천국의 가치와는 도저히 비교할 수 없는 것임을 깨닫고, 그 무한한 가치의 천국을 소유하기 위해 자신의 모든 재산의 소유권을 어떠한 미련도 없이 기뻐하며 내놓을 수 있게 됩니다(마 13:44). 그리고 그렇게 한 자는 비록 부자라 할지라도 바늘귀를 통과하여 천국을 확보할 수 있게 되는 것입니다(마 19:24).

예수님은 천국이 이미 이 땅에 왔으며, 바로 지금 이 땅에서 구매하여 가질 수 있는 현재적인 것임을 가르치셨습니다(눅 17:21). 하지만 예수님의 말씀 속에는 천국의 '현재성' 뿐만 아니라 '미래성'에 대한 말씀도 더불어 잘 나타나 있습니다(눅 23:43). 이미 시작된 천국은 미래를 향하여 조금씩 성장해 가고 있습니다(딤후 4:18). 현재 마음의 부자로 살아가는 사람들은 앞으로 오게 될 천국의 미래도 소망하는 부자들입니다(고후 12:4).

인류의 조상인 아담과 하와가 사탄의 유혹으로 범죄를 저질러 타락하여 인간은 영원한 죽음을 피할 수 없게 되었습니다(창 2:17, 3:4). 거룩하신 하나님은 죄를 미워하시므로 반드시 인간을 심판해야만 하는 분이시지만(잠 8:13, 나 1:2, 시 9:8), 하나님은 또한 선택하신 사람을 사랑하셔서 죄에서 구원하시고 영원한 생명을 주시기 원하십니다(시 7:11). 하나님은 예수님을 이 땅에 보내셔서 십자가에서 죽게 하심으로 우리의 죄값을 대신 지불하여 주셨습니다.

이제 인간이 죄사함을 얻고 영생할 수 있는 유일한 길

은 예수님의 십자가 보혈 뿐입니다(행 4:12, 엡 3:12). 이미 타락한 인간은 행위로는 구원을 결코 얻을 수 없으며 오직 예수님께서 나의 죄를 완전히 해결하셨음을 믿어야만 구원을 얻습니다(고후 5:17). 타락한 인간의 본성은 죄를 깨닫고 회개할 수도, 예수님을 믿을 수도 없습니다. 오직 성령님이 인간에게 은혜를 주셔서 성령으로 거듭난 사람만이 죄를 진정으로 깨닫고 하나님께 회개하고 예수님을 믿을 수 있습니다(마 11:20, 롬 8:2, 고전 12:3). 거듭난 사람은 죽으면 천국으로 올라가서 영생의 복을 누리며, 불신자는 지옥에서 영원한 고통을 받게 됩니다(마 10:28, 벧전 1:9, 행 24:15, 롬 2:7).

예수님은 "심령이 가난한 자는 복이 있나니 천국이 그들의 것임이요"(마 5:3)라고 말씀하셨습니다. 여기서 '가난'은 부정적인 의미로 쓰인 것이 아닌 '겸손'을 의미합니다. 그래서 '심령이 가난한 자'는 '마음이 겸손한 자'입니다. 심령이 겸손한 자는 이 땅의 물질의 부자보다는 오직 하나님의 도우심을 구하며 영생 구원의 하나님을 항상 바라보는 '마음의 부자'입니다.

예수님은 “애통하는 자는 복이 있나니 그들이 위로를 받을 것임이요”(마 5:4)라고 말씀하셨습니다. 심령이 가난한 자는 하나님을 바라보며 자신이 크나큰 죄인임을 깨닫고 회개하고 애통하게 됩니다.

예수님께서는 “의에 주리고 목마른 자는 복이 있나니 그들이 배부를 것임이요”(마 5:6)라고 말씀하셨습니다. ‘의’는 구원과 영생의 길입니다. ‘의에 주리고 목마른 자’는 구원과 영생의 끝까지 안전하게 도착하기 위하여 이 땅에서 하나님과 예수님의 말씀을 따라 십자가 고난을 감당하며 선한 길을 걸어가는 데 항상 힘쓰는 자입니다.

비록 지금 내가 세상에서 여전히 가난하고 굶주리고 무시당하고 있을지라도(잠 19:1, 고후 6:10), 미래에 하나님께서 정하신 어느 때가 이르면, 하나님이 나의 모든 고통을 없애주시고 모든 눈물을 그 눈에서 씻겨주실 것입니다(계 21:4). 그때 우리는 하나님이 주시는 부유함과 배부름과 기쁨을 누리게 될 것입니다.

우리는 현재 이 땅에서의 삶이 전부인 것처럼 사는

것은 아닙니다. 앞으로 우리에게 다가올, 최종적인 부유함이 주어질 저 천국에 들어갈 날을 소망하며(빌 3:10~14), 현재 내가 겪고 있는 여러 가지 고난을 오히려 마음의 부자의 조건으로 생각하고 인내하며 살아가는 것입니다(잠 17:1).

천국은 이미 현재 나의 마음속에 와 있어서 내가 이미 부자가 되었다는 사실은 분명히 중요합니다(잠 22:1). 하지만 단지 '현재성'만 우리에게 있는 것은 아닙니다. 천국을 마음속에 소유하여 하나님의 지배를 받으며 하나님과 더불어 다함께 살아가고 있는 마음의 부자들은(계 2:7), 또한 미래에 예수님께서 다시 오실 것에 대한 기대와 소망을 이 땅에서 항상 품고 살아갑니다. 참되고 올바른 마음의 부자들은 실제로 예수님이 이 땅에 다시 오셔서 우리들과 더불어 다함께 천국으로 데려가 주실 날을 항상 기다리면서, 미래의 그 날을 위해 하나님께 더욱 온전히 순종하며 세상 속에서 매일 매일을 성실히 살아가는 사람들입니다(빌 3:20).

MERCI
GOSPEL
RUNNING

제2부

MERCI 복음경영

제 1 장 복음

그동안 저는 수많은 가족형제들과 동고동락하면서 다양한 사업을 해 왔습니다. 그렇게 세상을 살아가면서 저는 여전히 많은 것들을 배우게 되었고, 그동안 저의 잘못된 부분을 많이 깨우치게 되었습니다. 그래서 저도 제 인생에서 잘못된 길로 갔던 과거를 회개하고 반성하며 이에 대하여 이야기하는 것으로 작게나마 여러분의 인생에 도움이 되고자 합니다.

제가 지금까지 한 기업의 창업자, 경영자로서 지금의 자리까지 오게 된 것은 다름이 아니라 제가 하나님의 복을 받은 예수님의 제자로서 부름받아 사명을 감당

해야 하기 때문이었습니다. 그런데 그동안 저는 이러한 사실을 명확하게 깨닫지 못한 채 살아왔습니다. 내가 세상에서 성공을 거둔 것이 '내가 잘해서', '내가 잘나서', '나 혼자 힘으로' 다 이루어진 것인 줄로만 알고서 나 혼자서 교만하게 서 있었습니다.

여러분은 각자의 마음속에 '신'이 있습니까? 세상의 모든 사람은 마음속에 어떤 '신'적인 것을 어렴풋이 느끼는 '신 의식'을 갖고 있습니다. 여러분이 어려움에 빠졌을 때 연락을 하게 되는 존재가 누구입니까? 누군가는 어머니를, 누군가는 친구를, 동료를, 사장님을, 또는 대통령을 찾을 것입니다. 그런데 나에게 절체절명의 심각한 문제가 발생하였을 때, 일생일대의 위기가 찾아왔을 때, 예컨대 내가 암과 같은 질병으로 죽을 날이 가까워졌을 때, 누구나 자신도 모르게 입술에서 '하나님'을 부르게 됩니다.

이제 내가 몇 월 몇 일에 세상을 떠날 날만을 기다리고 있는 시한부 인생이라면, 그때부터는 아무도 찾지 않습니다. 평생 하나님을 믿지도 않았으면서 그제서야 갑자기 하나님을 찾으면서 이렇게 울며불며 호소합니다. "하나님 제발 이번 한 번만 병을 낫게 해주시면 진짜로 하나님 열심히 믿을께요!" 하지만 이미 때는 늦었습니다. 버스는 지나갔습니다.

제가 캄보디아에 있을 때 누군가가 '침향'에 대한 정보를 주셨습니다. 침향 사업을 시작했을 때 나를 아는 사람이 단 한 명도 없었습니다. 저에게는 아무도 없었지만 단지 침향만 가지고 한국에 들어왔었습니다. 그런데 저도 '부와 건강과 행복과 백만장자'가 되어보려고 침향을 공부하다 보니, 성경의 예수라는 분이 침향에 계셨습니다. 저는 그때 나쁜 사람이었습니다. 당시 예수를 믿지도 않았음에도 불구하고, 단지 침향이 예수님과 관련되어 있다는 정보만을 이용할 생각을 했습니다. 그저 내 사업에 예수님이 붙어있었기 때문에 예수님을 사용했습니다. 저는 '성경','하나님','예수님','복음'의 진정한 뜻을 몰랐습니다. 그저 장사의 목적으로 예수님의 이름을 빌려 사업을 전개하였고, 전국을 돌아다니며 침향을 팔았습니다.

많은 사람들이 침향과 예수님의 관계를 잘 모르고 있었기 때문에, 침향을 홍보할 때마다 예수님이 침향을 사용했다는 사실을 알리는 방법으로 영업을 했습니다. 그런데 신기하게도 제가 예수님의 이름을 가지고서 판매를 하니 친구도 지인도 아니었던 분들이 침향을 구매하셨습니다. 사업은 매우 잘 되었습니다.

저는 당시 정말로 예수님을 믿지 않았음에도, 단지 사업적으로 돈을 벌기 위해서 예수님의 이름을 이용했을 뿐입니다. 그렇게 내가 좋지 않은 마음을 갖고서 사업을 했음에도 불구하고, 예수님이 특별히 저를 성공하게 하셨다는 것을 당시에는 명확하게 알아차리지 못했습니다. 그저 제가 잘나서 침향 사업을 통하여 성공하게 된 것으로 크게 착각하고 있었습니다. 사업 초기에는 자주 "예수님이 침향을 발랐어요"라고 말했지만, 사업이 진행되면서 점점 '예수님' 소리가 적어졌고, 나중에는 아예 제 입술을 지퍼로 잠가버렸습니다.

그렇게 예수님의 이름은 없애버리고서 그저 듣기 좋은 이야기만 하고 있었으니, 하나님이 저를 좋게 보셨겠습니까? 안타깝게도, 저는 아직 철이 덜 든 사람이었습니다. 제가 사업 초기의 초심을 잃지 않고, 침향을 소개하면서 계속하여 끝까지 예수님을 전했다면, 시련과 고난을 받지 않았을 것입니다. 그런데 사업의 어느 시점부터 예수님을 싹 빼버렸습니다. 그리고서는 이제 내가 사업이 좀 잘 된다고 목에 잔뜩 힘만 주고 돌아다니니까, 자연스럽게 저에게 큰 불행이 찾아왔던 것입니다. 그것은 상대방의 잘못도, 가족형제들의 잘못도 아닌 전적으로 저의 크나큰 잘못 때문이었습니다.

저도 참으로 어리석었습니다. 내가 힘들 때는 예수님의 이름을 침향에 거론하면서 돈을 벌다가, 내가 좀 배가 불러지고 아랫배가 따뜻해지면서 예수님의 이름이 내 입술에서 사라지니, 당연히 하나님께서 더 이상 복을 주시지 않고 고난을 주셨다는 사실은 명백합니다. 여러 해를 보내면서도 하나님의 이 위대한 역사하심을 정말 몰랐습니다. "내가 살아보니까 모든 것이 내 뜻대로 되지 않는구나! 절대적으로 하나님의 뜻으로만 가게 되는구나!"

저는 침향을 효과적으로 알릴 길이 없었을 때 예수님의 손을 잡았습니다. 예수님의 이름을 빌려서 성공을 했으니 예수님의 은혜에 응답해야 했었음에도, 저는 응답하지 않았습니다. 예수님의 이름을 사용했으면서도 사업을 통하여 하나님의 영광을 드러내지 않았습니다. 내가 침향을 팔아 성공한 후에는 하나님을 버리고 내 자신을 믿고서 내 마음대로 한 것이 내 가족형제들에게 큰 마음의 상처를 주었습니다.

제가 침향으로 다시 일어서게 된 것은 내가 결코 잘나서가 아닙니다. 예수님께서 저에게 '침향'이라는 새로운 터를 허락하시지 않으셨다면, 저는 이 자리에 다시 서지 못했을 것입니다. 제가 스스로 이 사실을 깨우친 것이 아닙니다. 하나님은 이러한 잘못된 삶을 깨우치게끔 인도하셨습니다. 하나님이 직접 몇 년간의 시련과 고난을 저에게 주셔서 철저하게 깨우치게 하셨습니다. 저는 하나님이 저에게 의도적으로 시련을 주셨다는 것도 이제는 정확하게 알게 되었습니다.

사업이 큰 위기에 빠지면서 저는 다시 하나님을 찾게

되었습니다. '예수님'이라는 복음을 그저 내 마음에만 숨겨서 담아두지 말고, 침향을 알게 되고 판매하게 된 것을 하나님의 복으로 알고 복음을 자꾸만 알리는 것이 무엇보다도 중요하다는 것을 깨달았습니다. 저는 회개하고 반성하며 이제부터 완전히 변화하기로 굳게 마음먹었습니다. 내가 내 잘못을 여전히 모르고 내가 바뀌지 않고서는 가족형제 여러분을 백만장자로 만들 수 없다는 것을 깨달았기 때문입니다. 더불어 다함께 가야하는 가족형제를 위해서 나를 비워야 했습니다.

여러분은 '복음'이라는 단어를 자주 들어보았을 것입니다. '복음'은 직역하면 '복된 소리'이며, 일반적으로 '좋은 소식', '기쁜 소식', '행복한 소식'이라는 뜻으로 사용됩니다. 저는 가족형제 여러분이 이 '복음'을 알기 원합니다. 우리는 침향으로 '복음'할 수 있습니다. 여기서 '복음'이란 "침향으로 부자가 될 수 있다"는 말입니다. 그런데 오늘 침향 팔찌를 손목에 찼다고 해서 정말 며칠 내로 부자가 될 수 있겠습니까? 결코 그렇게 될 수 없습니다.

사실 그것은 이런 의미입니다. 가령 운전을 하다가 접촉사고가 났을 때 가해자와 피해자가 동일한 침향 팔찌를 차고 있었다라고 한다면, 욕을 얻어먹을 상황에서 서로 웃으면서 헤어지지 않겠습니까? 여기에는 우리가 서로 형제요 가족이라는 표증이 있었습니다. 바로 '침향'입니다. 왜 침향 팔찌를 차서 당장 금전적으로 부자가 되는 것만 생각을 하십니까? 평범한 일상에서도 얼마든지 침향 덕분에 얻어지는 소소한 유익들을 생각해 볼 수 있지 않겠습니까? 꼭 내가 금전적 이득을 취해야만 부자가 되는 것입니까? 마음의 행복이 진정한 부자가 아니겠습니까?

또 하나의 사례를 들어 보겠습니다. 다리를 다치신 어떤 분이 지하철 안에서 손잡이를 잡고 서 있으니, 손목에 침향 팔찌를 차고 있는 것이 드러나 보였습니다. 그런데 그때 앉아있던 어떤 아주머니가 그 팔찌를 보더니, "어? 우리 가족이네요, 형제님? 김창수 회장님 회사 아닙니까?" 하더라는 겁니다. 그리고 아주머니는 일어났고 다리가 좋지 않은 그분을 자리에 앉혔다고 합니다. 그런 것이 진정한 부자 아닙니까? 만약 그분이 침향 팔찌를 차고 있지 않았다면 아주머니께서 자리를 양보를 했을까요? 왜 오늘 당장 부자 되는 것만을 생각하십니까?

또한 우리가 침향 팔찌를 찬 우리 가족형제 중에 무슨 일이 생겼다고 합시다. 정말로 힘든 일이 생겼다고 합시다. 예컨대 아들이 백혈병에 걸렸다는 카톡 문자가 왔다고 합시다. 그러면 우리 침향 가족형제 여러분이 그저 가만히 있으면서 나 몰라라 할 수 있겠습니까? 아마도 그분을 도와드릴 확률이 높을 것입니다. 침향 팔찌를 더불어 다함께 착용하고 있는 것만으로도 우리가 복음하고 있는 것 아니겠습니까? 이런 식으로 우리가 일상에서, 가정에서, 버스에서, 지하철에서, 거리에서, 직장에서, 다 복음하게 되는 것이 아니겠습니까?

우리가 돈만을 좇아가다 보면, 통장의 돈은 오히려 줄어들 수 밖에 없습니다. 저는 이제 마음의 양식을 먹어서 마음의 부자가 되었기 때문에 통장에 돈이 늘어나든지 줄어들든지 이제는 아무런 신경을 쓰지 않습니다.

돈이 많아서 신경을 쓰지 않는 것이 아니라, 하나님이 저에게 마음의 양식을 먹여 주셨기 때문입니다. 마음이 부자인 사람은 통장에 돈이 많아지든지 적어지든지 아무렇지도 않습니다. 저는 매일 손해가 난다 하여도, 이미 마음의 부자가 되었기 때문에 아무런 스트레스를 받지 않습니다. 하지만 마음이 가난한 사람은 매일 근심하며 바쁘고 쫓기는 삶을 삽니다. 하나님의 말씀인 성경이 저에게 마음의 양식이 되었습니다. 내가 돈이 많아서 부자가 아니라, 마음이 부자가 되더라는 것입니다. 내가 마음의 부자가 되니까 세상의 모든 만물의 이치를 깨닫게 되더라는 것입니다.

하나님은 정말 놀라우신 분이시며, 한낱 피조물에 불과한 인간이 결코 헤아릴 수 없으신 위대한 분이십니다. 내가 겸손하며 순종할 때는 축복을 주시다가도, 내가 교만해져 잘난 척 하면서 제 멋대로 나서니까 곧바로 고난을 주셨습니다. 저는 하나님이 '은혜를 주실 때'와 '고난을 주실 때'를 경험했습니다. 나의 순종이 따라왔어야 했는데 그것을 지키지 않으니까 곧바로 저는 마음의 상처를 받게 되었습니다.

이것을 여전히 깨닫지 못했다면, 저는 지금까지 기업을 이끌어 오지 못했을 것입니다. 내 가족형제들이 계속하여 쓰러지는데 기업의 리더가 잘 될 수가 있을까요? 리더가 잘못을 반성하여 마음을 비우고 자신의 문제를 해결하니까, 동업자들과 직원들이 더불어 다함께 좋아질 수 밖에 없습니다. 우리 가족형제 여러분과 더불어 다함께 간다면 시간과 세월 속에 모든 가족형제 여러분들이 진정으로 행복해지고 성공하게 됩니다. 우리가 복음의 좋은 소식을 전하고 있는데 어떻게 진정한 행복과 성공을 얻지 않을 수 있겠습니까?

가족형제 여러분, 복음의 기쁜 소식을 전하십시오. 이제 우리는 한 가족이며 형제입니다. 우리는 똑같은 마음, 행동, 습관으로, 더불어 다함께 하기로 이미 약속하였습니다. 저는 예수님을 '침향'을 통해서 알게 되었습니다. 그리고 예수님이 침향을 통해서 기업을 창립하라고 명령하셨기에, 저 자신도 그 사실을 잘 몰랐으면서도 그렇게 했었던 것입니다. 예수님께서 침향의 정보를 저에게 주셨고, 침향 속 예수님에 대한 글과 뜻을 저에게 알려 주셨으며, 그럼으로써 예수님께서 복을 내려주셨다는 것입니다.

복음은 돈이 아닙니다. 인생의 성공은 돈이 아닙니다. 복음의 좋은 소식을 전할 때 자연스럽게 우리 모두는 진정한 부자가 다 되는 것입니다. 예수님이 주신 은혜의 기쁜 소식을 그저 마음에만 담아두고 내어놓지 않았기에 많은 사람들이 마음의 상처를 받았습니다. 제가 이렇게 좋은 회사를 창업해 놓고서도, 이 기업을 활용하여 복음의 기쁜 소식을 올바로 전하지 못했다는 것입니다. 내 자신이 일단 먼저 복음을 체험해야 누군가에게 복음을 전하지 않겠습니까? 내가 복음을 잘 모르는데 어떻게 복음하겠습니까? 내가 하나님으로부터 복을 받았음에도 불구하고, 복음을 제대로 모르고 있었기에 복음을 제대로 알리지 못했습니다. 또한 창업주로서 복음하여야 할 의무를 다하지 못했으니 가족형제들도 복음하지 못했던 것입니다.

저는 제가 살아온 잘못된 인생을 반성하면서, 이제부

터라도 열심히 가족형제 여러분께 복음의 기쁜 소식을 열심히 전하겠습니다. 복음은 목사, 박사, 지식인과 같은 배운 사람들만 전하는 것이 아니라, 누구라도 전할 수 있습니다. '나만의 것'으로 복음하십시오. 이 복음만 전하셔도 우리는 이미 부자입니다. 마음이 가난하면 모든 것이 잘 되지 않지만, 마음이 부자일 때는 모든 것이 다 잘 됩니다. 누구에게라도 정정당당하게 나는 "진정한 부,건강,행복,백만장자가 된 사람이다"라는 복음을 전합시다. 이것이 우리가 더불어 다함께 갈 수 있는 '복음하는 일'입니다.

대한민국에, 아시아에, 또한 전 세계에 '예수님 복음'의 좋은 소식을 알려야 하지 않겠습니까? 하나님은 부끄럽지 않으신 분입니다. 복음은 부끄럽지 않은 것입니다. 우리는 복음을 전해야만 합니다. 모든 가족형제 여러분이 복음의 좋은,기쁜,행복한 소식을 전하여 더불어 다함께 하나님의 은혜,은총,축복받은 진정한 부,건강,행복,백만장자가 모두 다 되시기를 진심으로 기도드리겠습니다.

제 2 장 은혜

'은혜'라는 참 좋은 말이 있습니다. '사랑과 마음으로 도움을 주는 신세나 혜택'을 뜻합니다. 그러나 우리는 은혜 때문에 오히려 마음의 상처를 참 많이 받습니다. 내가 은혜를 많이 베풀었음에도 불구하고, 세상이 악하다 보니 상처를 입는 일이 확률적으로 더욱 많습니다. "은혜를 은혜로 갚아야 한다"는 좋은 격언이 있습니다. 당연히 은혜는 은혜로 갚아야 합니다. 그런데 은혜를 베풀었는데 원수가 되기도 합니다. 은혜를 모르고 오히려 은혜를 이용해서 남에게 마음의 상처를 주는 사례를 저는 수없이 목격했습니다. 너무도 안타까웠습니다. 사람이 은혜에 보답할 줄 모르면 짐승과 다를 바 없습니다. 우리는 은혜를 원수로 갚는 짐승과 같은 자들을 만나지 말아야 합니다. 한 순간의 말 한마디에 짐승이 되는 경우가 생깁니다. 우리가 사람인데 짐승이 되면 되겠습니까?

세상에 수많은 사업자가 있지만 성공할 확률이 얼마나 되겠습니까? 정말 1%도 되지 않는 극소수입니다. 저는 그동안 수많은 사업자들을 보았습니다. 수많은 사업자들이 하나님의 은혜를 받았다고는 하지만 그 은혜를 복음할 줄은 잘 모릅니다. 제가 보기에는 진정한 은혜를 모르는 사업자가 99%인 것 같습니다. 자기가 먼저 은혜를 받았으면, 최소한의 배려를 해야 할 것입니다. 적어도 상대방의 마음에 상처를 주지 않으려고 최소한의 노력이라도 해야 합니다. 어떻게 나의 조그만 의식주를 해결하려고 상대방의 마음에 대못을 박는 일을 할 수 있겠습니까?

많은 분들이 단지 의식주를 해결하고 돈을 벌기 위해서만 사업에 접근하기 때문에, 여러 가족형제의 마음에 상처를 주는 말을 쉽게 한다는 것입니다. 이제는 모두가 자기 자신이 스스로 생각을 하고 실천을 해야 될 나이가 되었습니다. 나의 작은 문화생활도 실천하지 못하면서 어떻게 복음의 좋은 소식을 전할 수 있겠습니까? 우리 주위에는 결코 그런 분들이 있어서는 안 될 것입니다. 자기가 뱉은 말에는 최소한의 책임을 져야 합니다.

성경에 "선한 지혜는 은혜를 베푸나 사악한 자의 길은 험하니라"(잠 13:15)라 했습니다. 모든 세상 일이 그렇습니다. 내가 가는 길이 바른 길이면 은혜를 받을 것이고, 내가 가는 길이 험한 말이면 틀림없이 불행을 받습니다. 성경에 "악인은 꾸고 갚지 아니하나 의인은 은혜를 베풀고 주는도다"(시 37:21)라 했습니다. 악인은 따로 없습니다. 내가 상대방한테 마음의 상처를 주면 곧 악인입니다. "나는 너를 10년 동안 친구로 믿고 최선을 다하여 은혜를 베풀었는데, 왜 너는 겨우 10만원 때문에 은혜를 원수로 갚는가?" 성경에 "지혜자의 입의 말들은 은혜로우나 우매자의 입술들은 자기를 삼키나니"(전 10:12)라 했습니다. 지혜로운 자는 항상 더불어 다함께 이야기하며 자기의 잘못을 먼저 인정할 줄 압니다. 하지만 우매한 자는 자기의 잘못을 모르고 항상 남이 잘못했다고 합니다.

복음은 기쁜 소식이지만, 거짓 복음의 나쁜 소식을 전하면 나의 가족형제가 상처를 입고 나도 상처를 입습니다. 하지만 되도록이면 잊어버리려고 노력하십시오. 내가 그런 상처를 계속 안고 살아가면 자기 자신만 더 힘들어지기 때문입니다. 우리는 상처를 받았다고 해서 그것에 분노하고 좌절할 것이 아니라, "내가 또 하나의 좋은 교훈을 얻었다"라고 긍정적으로 생각하는 것이 바람직합니다. 어렵고 힘들고 좋지 못한 일이 생겼을 때는 항상 반대로 생각해 봅시다.

은혜를 은혜로 갚는 것이 진짜 은혜입니다. 은혜를 받았을 때는 돈으로 꼭 갚을 필요는 없습니다. 내가 좋은 말로 주어도 은혜를 갚는 것입니다. 물질이 앞서서 단지 돈으로만 은혜를 갚으려 하게 되면, 상대방이 마음의 상처를 입을 수 있습니다. 무엇이든 절대 돈으로 하지 마십시오. 돈은 99% 마음의 상처를 줄 확률이 높습니다. 오늘 돈을 좇아간다 해서 당장 나에게 돈이 들어오지 않습니다. 일단 긴급한 의식주는 해결할 수 있을지 몰라도, 나중에 큰 불행이 올 수 있습니다. 하나님께서 우리에게 은혜를 주신 이유는 우리도 다른 사람에게 은혜를 주라고 그렇게 하신 것인데, 그 은혜가 거꾸로 돌아오면 되겠습니까? 그렇게 은혜도 모르고 소득만 좇는다고 해서 부자가 쉽게 되는 것도, 잘 사는 것도 아닙니다.

부자가 되어 잘 살려면, 항상 더불어 다함께 가야 합니다. 더불어 다함께 '작은 문화'를 만들어 보자는 것입니다. 자꾸만 큰 것만을 추구하면 마음에 상처를 주고받게 되어 있습니다. 그러나 내가 작은 것부터 실천하면 상처를 입을 일이 거의 없습니다. 하나님의 은혜를 받은 사람은, 말을 정확하게 전달하는 '작은 문화'의 약속을 지키는 사람입니다. 그런 사람은 앞으로도 더 많은 은혜를 복음할 것입니다. 이 원리가 모두 다 더불어 다함께 부,건강,행복,백만장자가 될 수 있는 방법입니다. 형식적으로는 하지 마십시오. 돈을 가지고 있다고 해서 사업이 성공할 수 있는 것이 아닙니다. 단지 돈만으로는 성공하기 힘들다고 저는 매일 강조합니다.

예수님을 믿는다는 어떤 부자들은 현명합니다. 그들은 하나님의 은혜를 잘 받아들입니다. 부자들이 앞에서는 욕을 많이 듣지만, 오히려 부자들이 마음속으로 하나님을 더 많이 믿기도 합니다. 부자들이 구두쇠 같지만, 은밀하게 자선사업을 펼치는 것을 우리는 보게 됩니다. 재산이 내 소유가 되지 않기 위해, 뒤로는 조금씩 재산의 일부를 사회에 풀어 놓습니다. 그러니까 하나님이 이런 부자들에게 계속하여 은혜를 주시는 것입니다. 그러나 마음이 가난한 부자는 이렇게 할 수 없습니다.

복음은 돈이 들어가지 않습니다. 은혜도 돈이 들지 않습니다. 진정한 부자는 돈을 가지고 진정한 성공을 이루지 않습니다. 모든 가족형제들과 더불어 다함께 갈 때 진정한 성공을 이룰 수 있습니다. 예수님께서 돈을 가지고 복음하였습니까? 오직 말씀으로만 복음의 기쁜 소식을 전하셨습니다. 일단 내가 좋은 말을 전하면 나에게 좋은 것으로 되돌려 받게 되어 있습니다.

저는 과거에 복음도 은혜도 모르는 사람이었습니다. 제가 얼마나 예수님의 마음에 상처를 드렸겠습니까? 은혜를 받아서 복음을 전하는 길은 돈은 들지 않지만 험난합니다. 예수님처럼 내 말과 행동도 바꾸고, 모든 사람에게 배려하며 상냥해야 합니다. 이것이 정말로 하나님의 뜻을 따라가는 길 아닙니까? 내가 실천도 못하면서 우리 가족형제 여러분만 그렇게 하라고 할 수는 없습니다. 리더가 먼저 그 길을 가야만 내 가족형제들이 더불어 다함께 그 길을 따라나서지 않겠습니까? 바로 이런 것이 작은 문화입니다. 작은 문화가 시간과 세월 속에서 큰 문화를 만나 혁신이 일어나는 것입니다.

이런 작은 것도 실천이 안 되는데 어떻게 하나님의 은혜를 받겠습니까? "내가 사업을 시작해서 정말로 은혜를 받았다"는 복음을 전하셔야 합니다. 은혜받은 것을 더불어 다함께 나누어 주어야 합니다. 이것만 충실히 지키셔도 모든 가족형제 여러분은 자자손손 대대손손 진정한 부, 건강, 행복, 백만장자가 될 것입니다.

제 3 장 감사

어느 누구에게라도 '감사'(MERCI)라는 것은 참 쉬운 것임에도, 막상 실천하는 것은 참 힘이 듭니다. 인생을 살아가면서 자기 자신에게 스스로 감사하다고 느껴본 적이 있습니까? 그런 사람은 정말 올바로 사는 사람입니다. 우리는 이 '감사'라는 것을 너무도 잘 모르고 살아온 것 같습니다. 우리는 항상 하나님께 감사해야 합니다. 하나님이 주신 감사의 마음으로 자기 자신한테 감사할 줄 알아야 합니다. 그런 사람이 인생에서 성공합니다. 자기 자신한테 감사하다고 느끼지 못하는 사람은 실패합니다. 인생에서 성공한 사람들을 보면, 자기 자신에게 감사할 줄 압니다.

제가 몇 년동안 마음의 시련을 많이 겪었습니다. 내가 잘난 줄 알고 자기 자신한테 감사할 줄 몰랐습니다. 자기 자신한테 감사할 줄도 모르면서 어떻게 세상에서 많은 사람들에게 복음할 수 있겠습니까? 감사는 다른 게 없습니다. 이 땅에 나를 태어나게 하고 나를 살아갈 수 있게 만들어 주신 분은 하나님이셨습니다. 이 땅에 태어나게 해 주신 것에 대하여 하나님께 감사해야 합니다. 세상과 우리를 창조하셔서 나의 인생을 시작하게 하여 주셨기 때문입니다. 오늘도 나를 이 자리에 숨을 쉬며 설 수 있게 만들어 주셨기 때문입니다. 오늘 이 자리에서 웃을 수도 있고, 말할 수도 있기 때문입니다. 오늘도 살아갈 수 있도록 해 주신 것에 감사해야 합니다. 그리하여 자기 자신한테 감사할 줄 알아야 합니다. 단지 그것만으로 결국 진정한 부자가 되더라는 것입니다. 결코 어렵지 않습니다.

우리가 살아가면서 많은 것을 깨달아 왔지만, 내가 살아가면서 내 자신한테 얼마만큼 감사하고 살았느냐가

제일 중요합니다. 이 세상의 누구보다도 자기 자신한테 감사해야 합니다. 그러면 그 감사가 우리 가족형제들에게 복음할 수 있는 기본 조건이 되는 것입니다. 나에게 감사하지 못하면, 그 복음은 제대로 전달되지 못하고 끊어져 버립니다. 감사를 모르는 사람들은 항상 타인한테 마음의 상처를 주고 원수가 됩니다. 자기 자신한테 감사할 줄 모르면 축복이 오히려 불행이 됩니다.

모든 사람은 태어날 때부터 하나님의 은혜를 다 받았습니다. 세상에 태어날 때 모두 다 똑같은 조건에서 출발함에도 불구하고, 살아가면서 모든 것이 차이가 납니다. 하나님의 은혜가 점점 차이가 벌어집니다. 살아가면서 자기 자신한테 감사할 줄 몰랐기 때문에, 나중에는 하나님의 은혜를 단 한 개도 제대로 가져갈 수 없게 됩니다. 자기 자신에게 감사해야 하는데, 결국에는 자기 자신을 미워하며 생을 마감합니다.

많은 사람들이 다양한 일을 하면서 원망과 불평을 많이 합니다. 오늘 하루를 감사할 줄 모르는 사람들이 정말 많습니다. 하나님이 이런 자들에게 은혜를 주시겠습니까? 매일 마음의 상처만 받으며 불행하게 살게 됩니다. 모두 다 똑같은 하루를 사는데, 자기 자신에게 감사할 줄 모르는 사람은 항상 가는 길이 바르지가 않습니다.

사업을 시작할 때도 올바로 가는 길로 들어서야 감사할 수 있습니다. 하나님의 복이 없는 사업을 하면 나 자신에게 감사하지 못하기 때문에, 자기 자신에게 원수가 되고 불행이 됩니다. 올바른 창업을 해야만 감사가 저절로 나옵니다. 감사하는 삶도 자기 자신이 스스로 개척하여 새롭게 만들고 혁신해 내어야 합니다. 항상 하나님을 원망하고 남을 탓하는 자는 자기 자신에게 감사하지 못하기 때문입니다. 내가 은혜로 베풀었는데 원수로 돌아왔을지라도, 자기 자신에게 감사하는 마음을 가지면 그 은혜가 원수가 되지 않습니다. 나 자신에게 감사하지 못하니까 그 은혜가 원수가 됩니다.

감사는 남에게 단지 돈을 주는 것이 아니고, 남에게 나의 마음을 베푸는 것입니다. 우리가 이 세상에서 무엇을 하고 있는지 위에서 하나님은 다 아시고 보고 계십니다. 일을 억지로 끼워 맞추니까, 은혜를 원수로 만들게 됩니다. 다 내가 만들었던 것입니다. 100% 다 내 잘못이었습니다. 이것이 내 잘못임을 알고 나서는 깜짝 놀랐습니다. 그래서 마음의 상처를 주었던 것을 회개하고 정말로 하나님 말씀대로 하니까 희한하게 다 잘 되더라는 겁니다. 그렇게 되는지 안되는지 오늘부터 해보십시오. 돈을 가지고서 억지로 무엇을 하지 마십시오. 돈으로 하는 것은 결코 잘 되지 않습니다.

우리는 많은 세월을 살아왔습니다. 살면서 많은 것을 보고 듣고, 나름 도덕적으로, 종교적으로도 살아왔습니다. 그러나 내가 지금 감사하며 사는지를 생각해 봅시다. 우리는 너무 모르고 살고 있습니다. 자기 자신한테 감사하지 못하고 삽니다. 하루에 백 번도 자기 자신에게 감사할 수 있습니다. 이처럼 감사는 너무나 쉽습니다. 그냥 복음이 그저 좋은 것 같아서 복음이 아닙니다. 자기 자신에게 감사했을 때 복음을 전달하는 것이 진짜 복음이었습니다. 자기 자신에게 감사하지도 못하면서 복음을 전하는 것은 은혜를 원수로 만드는 것입니다. 이 감사를 몰랐다면 저는 여전히 말도 안 되는 이야기를 했을 것입니다. 창업을 하게 된 것도 자기 자신에게 감사해야 합니다. 벌써 자기 자신에게 부정적이면 안 됩니다. 모든 일에 있어서, 주인은, 리더는, 창업자는, 항상 그 일에 감사하면서 살아야 합니다. 감사가 좋다는 것을 알았다면, 주위 사람에게 감사를 알리는 것이 좋지 않겠습니까?

오늘 자기 자신한테 감사하는 마음으로 하나님의 은혜를 다 받으시기 바랍니다. 오늘 이 자리가 최고로 감사한 자리로 생각하십시오. 최고로 감사하다면 무서울 것도, 겁날 것도 없으며, 모든 일은 만사형통이 된다는 것입니다.

내 가슴에 여러가지 감사를 한 번 담아보세요. 누구를 만나도 감사, 이 자리에 서 있게 해주셔서 감사, 태어나서 감사, 여러 감사함을 계속하여 가지니까, 자연스럽게 시간과 세월 속에서 그 감사함이 부,건강,행복,백만장자로 곧바로 연결이 되더라는 겁니다. 먼저 나 자신에 감사하면서, 더불어 다함께 힘을 모으면 안 되겠습니까? 자기 자신에게 감사하는 실천과 행동을 해 봅시다. 이미 내가 하나님의 은혜를 받았다면 이제는 남한테 그 은혜를 주어야 합니다. 내가 오늘 복음을 들었다면, 먼저 내 가족형제한테 복음을 전할 수 있습니다. 내 가족에게 복음을 전하면 행복해집니다. 그러나 불행을 전하면 불행해집니다. 지금 자기가 불행한지도 모르는 가족형제가 참 많습니다.

복은 다른 것이 아닙니다. 나 자신한테 감사하면 자연스럽게 그것이 복입니다. 오늘부터 나 자신한테 감사하십시오. 복은 자동으로 찾아오게 됩니다. 내가 굳이 해결하려고 하지 않아도, 하나님께서 모든 것을 다 주십니다. 과거는 전부 잊어버리시고 오늘 이 시간에 감사합시다. 그리고 복음합시다. 감사하는 마음으로 복음하시면 나 혼자만의 복이 아닌 더불어 다함께 복을 받을 수 있습니다. 우리 모두 감사하고 복음하여 더불어 다함께 진정한 부,건강,행복,백만장자가 되기 위해 최선을 다합시다.

제 4 장 비전

'비전'이란 '자신이 내다보는 현재와 미래의 상황'을 뜻합니다. 성경에서 비전을 '환시'라고 하는데, '초월적인 하나님의 힘이나 계시에 의해 초자연적인 광경을 경험하는 것'을 말합니다. 그런데 비전은 단지 '꿈'이 아닙니다. 비전은 '현실'입니다. 하나님은 우리가 비전을 꿈이 아닌 현실로 받아들이기를 원하십니다. 일반적으로 우리가 '비전'이라고 하면 "이렇게 될 것이다" 또는 "저렇게 될 것이다" 등의 미래의 이야기를 말하는 것으로 생각하지만 사실은 그렇지 않습니다. 오히려 비전은 오늘 이 순간의 '현실'입니다. 우리가 항상 누군가에게 비전에 대한 이야기를 많이 해 주라고 권하지만, 그러한 비전도 언제나 현실적인 이야기가 되어야 합니다. 우리는 “미래에 행복할 것이다”, “미래에 잘 살 것이다”가 아니라, 일단 오늘의 현실에서 행복해야 합니다.

그런데 비전의 최고의 덕목은 ‘겸손’과 ‘배려’입니다. 어떤 사람들은 비전을 이야기한다고 하면서 자기가 아주 잘난 듯 자기 자랑만 늘어놓습니다. 그렇게 하면 상대방이 좋아하지 않습니다. 내가 잘났다, 못났다, 내가 좋다, 싫다와 같은 평가는, 그것을 지켜보는 주위의 모든 사람들이 평가하고 선택해 주는 것입니다. 내가 스스로 잘났다고 생각하고 혼자 서 있으면 뭐하겠습니까? 아무도 서 있는 나를 봐주지 않을 것입니다. ‘옛날에 돈 좀 만지고’, ‘왕년에 좀 놀았고’, ‘소싯적에 좀 잘나갔고’... 이런 말은 불필요합니다.

항상 겸손하십시오. 일단 내가 겸손할 때, 배려할 때, 그것이 상대방 가족형제한테 비전이 됩니다. 저는 여기에 내가 잘나서 서 있는 것이 아닙니다. 그렇다고 해서 내가 못나서 서 있는 것도 아닙니다. 주위의 가족형제들이 저와 더불어 다함께 있었기 때문에 내가 여기 서 있는 겁니다. 저는 가족형제들이 여기 서 있게 해 주어서 저는 겸손하게 되고 배려하게 됩니다. 나의 단점은 99%이지만, 나의 장점 1% 때문에 제가 이 자리에 서있는 것입니다. 인간은 자신의 99%를 깨닫지 못하고 살지만, 자신의 1%를 깨닫는 자가 성공합니다.

사업을 하는 경영자의 가장 큰 문제가 자기 자신의 비전조차도 잘 모르더라는 것입니다. 비전이란 일단 나 자신을 겸손하게 낮추는 겁니다. 겸손과 배려의 마음으로 자기 자신의 과거 실패의 경험담과 함께 현재의 성공을 솔직하게 이야기하는 것입니다. 다른 사람이 비전이 아니라 바로 사업을 하는 자기 자신이 비전입니다. "내가 옛날에 정말로 실패를 맛보았다", "내가 과거에 너무도 무지했던 것을 이제는 반성한다". 그런 것이 비전입니다. 과거에 내가 많은 사람들에게 마음의 상처를 주었다는 사실을 겸손하게 고백하고, 반성하며, 회개하고, 용서를 구하는 것입니다. "내일 돈 10억이 저기 있다"가 비전이 아닙니다. 내가 과거를 회개하고 오늘 이 자리에 선 것이 곧 비전입니다. 그것 자체가 창업의 기반이 됩니다.

비전은 '겸손'과 '배려'입니다. 비전을 이야기할 때는 먼저 겸손해지시고 배려하십시오. 비전이란 돈을 많이 벌 수 있기 때문에 비전이겠지만, 그보다 먼저 겸손과 배려가 있기 때문에 비전입니다. 왜냐하면 겸손과 배려는 자동으로 통장에 찍혀있는 것이기 때문입니다. 겸손과 배려는 상대방에게 굳이 말로 하지 않아도 마음으로 이미 느끼는 것입니다. 항상 상대방에게 겸손하시고 배려할 때, 상대방에게 진정한 비전을 줄 수 있게 됩니다. "내가 예전에 사업을 할 때 많이 속여서 사람들에게 마음의 상처를 주었습니다"와 같은 것이 '겸손'입니다. 그 다음에, "지금 현재 하고 있는 사업이 성공하여 하나님의 복을 받고 있으니 감사합니다"와 같은 것이 '비전'입니다.

비전은 오늘의 현실을 말해야 합니다. "옛날에 내가 만 명을 모았다, 1억을 벌었다" 등으로 과거의 자료만 자꾸 제시하는 것은 과거사적 기록일 뿐이지, 그 과거

자체가 그대로 비전이 아닙니다. 옛날의 것을 잊어버리고, 지금 현재의 것과 미래의 것으로 가족형제들에게 복음해야 하는데, 옛날의 것을 복음하니까 또다시 마음의 상처를 받게 되고 부도 잃어버리게 됩니다. 오늘은 가난해서 돈 1원도 없으면서, 과거에 1억 번 것이 무슨 소용이 있겠습니까?

큰 과거가 무조건 다 좋은 것도 아닙니다. 그만한 규모의 과거만큼 또한 마음의 상처를 주었을 것입니다. 인간은 하나만 알고 둘은 모릅니다. 큰 과거만 중요시하고 마음의 상처를 크게 주었던 것은 망각합니다. 그런 것들이 좋은 것인 줄 알고 자랑하기만 합니다. 사실은 오히려 자기 약점과 치부만을 드러내는 것일 뿐입니다. 지혜로운 자는 이런 짓을 '교만'이라 하지만 우매한 자는 이런 짓을 '비전'이라 합니다.

저도 과거에 물류 기반으로 사업을 하면서 내 가족형제들에게 큰 마음의 상처를 주었습니다. 저는 제가 저 사람으로부터 마음의 상처를 받았다고 생각했지만, 사실은 전적으로 나의 잘못이었습니다. 개인적으로 저는 과거의 잘못을 항상 반성하고 회개하며 고백합니다. 여러분도 항상 나의 잘못된 과거를 다 솔직하게 인정하고 사업에 대하여 이야기하십시오. 반드시 내가 잘못했던 부분을 상대방에게 알려줘야 합니다. 그럴 때 상대방은 틀림없이 당신을 인정하고 따라줄 겁니다. 솔직하게 이야기하면 상대방도 나쁘게 듣지 않고 이해하고 격려하며 위로해 줄 것입니다.

옛날의 나를 숨기고 포장하여 드러내면 여전히 상대방에게 마음의 상처를 주지만, 반성과 회개와 겸손과 배려로 올바른 비전을 말하면, 상대방에게 마음의 상처를 주지 않습니다. 그리고 나서 “여기 정말 좋은 사업 아이템이 있는데, 우리 더불어 다함께 해 보자!” 이런 식으로 상대방에게 복음하는 것입니다. 성경을 통해 하나님께서는 이 세상 속의 현실적인 이야기들을 하셨습니다. 어디까지나 현실에 맞는 것, 현실적인 것을 이야기하여야 합니다. 현재 상황에 맞는 비전을 던져 주시는 것이 바람직합니다. 미래가 아니라 오늘 이 시간의 이야기, 그것이 바로 비전입니다.

또한 사람이 진정한 비전을 받으면 행복해집니다. 먼저 내 자신이 행복해야 올바른 비전이 될 수 있습니다. 내가 현재 불행한 상태인데 상대방에게 무슨 비전이 되겠습니까? 돈이 많고 적고로 행복한 것이 아닙니다. 돈은 하나의 숫자에 불과합니다. 오늘 내가 행복하다면 이미 나는 진정한 부자입니다.

또한 나에게 비전을 알려 주었던 기업의 선배에게 감사합시다. 나의 선배는 좋은 정보와 좋은 소식을 나에게 주었기 때문에 감사해야 합니다. 이제 우리는 좋은 기업의 리더와 선배들을 만나서 좋은 정보와 말씀을 나누고, 새로운 가족 형제들을 만나서 더불어 다함께 성공하였습니다. 과거에는 실패했으나, 지금은 창업하여 하나님의 은혜,은총,축복을 받았고, 부,건강,행복,백만장자가 다 되었습니다. 겸손과 배려로써 비전을 많은 분들에게 쫙 펼치게 되면 모든 가족형제들이 진정으로 행복해집니다. 항상 작은 문화를 만드십시오. 올바른 비전이 담긴 작은 공동체의 문화를 만드셔서 많은 분들에게 복음하시는 여러분이 되시기를 소망합니다.

제 5 장 혁신

현 시대의 패러다임은 '혁신'입니다. 혁신은 조직의 관습이나 방법을 완전히 바꾸는 것이며, 자기 자신의 생각과 행동을 완전히 바꾸는 것입니다. 혁신은 기업이나 단체만 하는 것이 아닙니다. 나 자신도 혁신하여야 합니다. 돈 그 자체는 혁신이 아닙니다. 돈만 많이 관계된 것은 혁신이 아니라 사기입니다. 혁신은 돈으로 하는 것이 아니라 생각과 행동으로 하는 것입니다.

성경에도 혁신이 나옵니다. 이스라엘 왕정시대 때의 요시야 왕은 종교를 혁신했습니다(왕하 22:2). 요시야 시대의 이스라엘 백성들의 대다수는 혼합주의 신앙을 갖고 있었습니다. 오직 하나님만을 믿는 것이 아니라 이방신들도 함께 믿고 있었습니다. 요시야의 종교 혁신의 시작은 율법책의 발견에서부터 시작되었습니다. 요시야 재위 18년에 성전을 수리하던 도중 우연히 성전 안에 있던 율법서를 발견했는데(왕하 22:4~8), 이를 읽은 요시야가 조상들의 과거의 죄를 회개하고(왕하 22:9~19) 율법서를 기반으로 이방 신상의 철거, 예배 방식의 정화, 유월절과 같은 유대교의 절기 준수(왕하 22:21~23) 등의 대규모 혁신을 시행하였다고 합니다. 요시야는 이방신을 위한 제단을 헐고 무덤을 파내어 해골을 제단 위에서 불태웠습니다. 요시야는 국가적 차원에서 혼합주의 신앙을 뿌리 뽑고 하나님만을 섬기는 종교 혁신을 정착시키려 했으며, 사회적 약자를 보호하는 복지, 공정 사회 제도로의 혁신도 시도하였습니다(왕하 23:4~20).

대한민국도 탁월한 혁신을 했던 나라입니다. '한강의 기적'이란 말이 있습니다. 6.25전쟁 이후 대한민국이 제대로 된 나라의 모습을 다시 갖추려면 100년이 걸린다는 말이 있었을 정도로 경제적, 사회적으로 기반이 없었던 한국이 엄청난 속도로 선진국의 반열에 올랐던 것은 실로 '기적'이었습니다. 1970년에 경부고속국도가 완공되고 그 다음 해에 수출 10억 달러를 달성하게 됩니다. 1995년에는 국민 소득이 1만 달러가 됩니다. 경제가 성장함으로서 학교가 늘어나 고등 교육을 받는 인구가 많아졌고 의료 시설이 많아져 사람들의 평균 수명도 높아지게 되었습니다. 어떻게 대한민국이 순식간에 이렇게 될 수 있었겠습니까? 온 국민이 더불어 다함께 잘 살아 보기 위하여 부단히 혁신한 것입니다. 먼저 대통령이 혁신을 하였고, 온 국민이 혁신하게 되었습니다. 기업의 리더가 혁신을 못하면 가족형제가 다 불행해집니다.

마찬가지로, 군대의 장군이 혁신을 할 때 모든 병사들이 그 혁신의 혜택을 입게 됩니다. 우리가 잘 아는 이순신 장군은 명실공히 '혁신의 리더'였습니다. 임진왜란 당시 이순신이 해전에서 거둔 수십 회의 승리에는 그의 혁신적인 전술전략이 크게 작용하였습니다. 1592

년 왜군이 조선을 침략하였을 때, 조선은 약 두 달 만에 나라를 왜에게 빼앗길 상황에까지 놓였습니다. 풍전등화 같았던 조국을 구해 낸 것은 바로 이순신이었습니다. 이순신이 다시 수군의 사령관으로 돌아왔을 때, 이순신은 겨우 13척의 배만을 가지고 있었습니다. 이순신은 '명량'이라는 해협에서 왜군과의 운명적인 전투를 앞두게 되었습니다.

'명량'은 물살이 빠르고 소리가 요란하여 마치 바닷물이 우는 것 같다고 하여 '울돌목'이라고도 합니다. 이순신은 하루에 네 번 흐름이 바뀌는 조류나 시시각각 변화하는 유속 등, 명량해협만이 가진 특유의 자연환경을 이미 훤히 꿰뚫고 있었습니다. 이순신은 매우 비좁은 명량해협에 왜군 130여 척이 모두 들어와 있도록 유인하였고, 왜군의 앞 영역에서 또다시 강력한 바닷물의 역류가 발생할 때까지 차분히 기다렸습니다. 명량의 특성상 배가 쉽게 움직여 빠져나오기 어려웠고, 결국 왜선들은 일반 유속의 약 10배에 달하는 조류의 강력한 힘을 견디지 못하고 비좁은 해협에서 서로 부딪히며 침몰하게 됩니다. 이 전투를 바로 '명량대첩'이라고 하며, 세계 전쟁 역사상 그 유례를 찾아보기 힘든 위대하고도 혁신적인 승리였습니다. 이순신은 단 13척의 배를 가지고서 자신의 생각을 혁신하여 130여 척의 왜군과 싸워서 이겼습니다. 전쟁터에서는 뒤로 물러나면 죽습니다. 이순신은 명량대첩에 임하기 전, "죽고자 하면 반드시 살 것이요, 살고자 하면 반드시 죽을 것이다"(필사즉생 필생즉사)라는 명언을 남겼습니다.

자기 자신만 살려고 나 혼자서만 열심히 사업하니까 대부분 망합니다. 그러나 더불어 다함께 하면 사업은 망하지 않습니다. "이미 전쟁터에 나왔으니 한 번 싸워보자! 내 생각과 행동을 바꾸어 보자! 혁신 한 번 해보자!" 사업의 현장은 전쟁터와 같습니다. 내가 일단 한 번 칼을 뽑았으면 무라도 베어야 하지 않겠습니까? 저는 처음 사업을 시작하여 강연하는 첫 자리에서 '난세의 영웅'을 만들어 주겠다고 말한 적이 있습니다. 더불어 다함께 하여, '난세의 영웅'을 또다시 만들어 보기 위해 저는 지금도 혁신의 길을 가고 있습니다.

자기 자신의 생각과 태도를 혁신하지 않는데 어떻게 부자가 되겠습니까? 아무 생각없이 '친구따라 강남가는' 삶을 살면 아무것도 얻어갈 것이 없습니다. 그저 오늘 하루도 또 불행하게 세월만 흘러가는 겁니다. 기존의 생각과 행동을 완전히 바꾸어야 합니다. 옛날의 내 잘못은 하나님께 회개하여 용서받고, 오늘 이 시간 내가 정말로 변하기 위해 혁신하여야 합니다. 그것이 진정한 백만장자로 가는 지름길입니다. 오늘 내 자신이 혁신하는 일은 돈이 전혀 들지 안습니다. 돈 한 푼 안 들이고도 충분히 부자로 가는 길이 너무도 많습니다.

인간은 항상 '성공'이란 말을 듣고 싶어합니다. 흥미롭게도, 성공의 반대는 '실패'가 아니라 '포기'입니다. 사실은 모두 다 포기했기 때문에 실패한 것입니다. 벌써 포기를 생각하십니까? 포기하면 자기 인생에서 10년 간 퇴보하는 것입니다. 실패는 간단합니다. 성공도 간단합니다. 인생이란 더 오래 버티는 사람이 이기는 게임입니다. 저도 포기하고 싶은 생각이 만 번도 더 들었습니다. 그러나 하나님께서 저에게 말씀하셨습니다.

"네가 포기하는 순간에 모든 것을 잃는다"라고 말입니다. 기업의 혁신을 위하여 끊임없이 배우셔야 합니다. 사업자의 위치에 계속 서 있기 위해서는 혁신을 위한 부단한 노력을 해야 합니다. 오늘날 창업을 하려면 옛 방식을 혁신하여 복음해야 합니다. 옛날의 구태의연한 마인드를 갖고서 일하지 마십시오. 생각과 행동을 완전히 바꾸는 혁신적인 마인드를 가져야 합니다.

창업도 성공도 힘들지 않습니다. 포기하지 않고 더불어 다함께 하면 성공합니다. 지금 이 순간부터 자기 자신을 사랑하고, 감사하며, 비전을 갖고서 혁신하면, 하나님의 복을 받게 됩니다. 오늘 이 시간부터 나의 생각과 행동을 혁신하면, 나만 행복해지는 것이 아니라 가족형제가 모두 다 부자가 됩니다. 이제는 현대의 패러다임에 맞게 혁신하십시오. 지금은 돈으로는 혁신할 수 없으며, 생각과 행동으로 혁신하셔야 합니다. 혁신을 하게 되면 반드시 부,건강,행복,백만장자가 될 수 있습니다. 나의 기업이 장차 100년의 기업으로 성장할 수 있도록 우리 모두 다 혁신합시다.

제 6 장 사랑

우리가 일상생활에서 흔히 쓰는 글이 많지만, 그 글에 대한 정확한 뜻을 알게 되면 훨씬 좋을 것입니다. 글은 다들 알고 있지만 뜻은 잘 모르는 경우가 많습니다. 좋은 글은 좋은 뜻도 알아야 합니다. 좋은 글만 막연하게 알고 뜻을 잘 모르면 무용지물입니다. '사랑'은 누구나 다 알고 쉽게 쓰는 글입니다. 누구나 다 "사랑한다"라고 말합니다. "여보 사랑해", "자기야 사랑해", "친구야 사랑해"라고 말하지만 뜻이 없습니다. 그저 "사랑한다"라고 하기만 하면 끝입니다. 사람들은 "사랑한다", "감사하다", "미안하다"라고 하루에도 수없이 말합니다. 그런데 그 뜻은 다들 잘 모릅니다. 서로 "사랑한다"고 쉽게 말하고서는 나중에 쉽게 마음의 상처를 입는 경우가 많습니다. 무엇을 사랑하는지, 어떻게 감사한지, 왜 미안한지, 우리는 잘 모르고 삽니다.

하나님은 사랑 그 자체이십니다. 사랑은 하나님의 최고의 속성입니다. "사랑하지 아니하는 자는 하나님을 알지 못하나니 이는 하나님은 사랑이심이라"(요일 4:8). 하나님은 이스라엘 백성을 특별히 사랑하시어 선택하셨습니다. "여호와께서 자기를 위하여 야곱 곧 이스라엘을 자기의 특별한 소유로 택하셨음이로다"(시 135:4~5). 또한 하나님은 이스라엘 백성만 사랑하시는 것이 아니라, 하나님을 믿는 우리 모두를 사랑하십니다. 우리는 하나님을 사랑해야 합니다. "하나님이 우리를 사랑하시는 사랑을 우리가 알고 믿었노니 하나님은 사랑이시라 사랑 안에 거하는 자는 하나님 안에 거하고 하나님도 그의 안에 거하시느니라"(요일 4:16).

하나님의 사랑은 더불어 다함께 누구도 사랑할 수 있는 것입니다. 진정한 사랑은 타인을 사랑하는 것만큼 자기 자신을 사랑하는 것입니다. 우리가 살아가면서 의외로 자기 자신을 사랑하지 않습니다. 흔히 친구들에게는 사랑한다는 말을 잘 하지만, 자기 자신에게 사랑한다고 잘 말하지는 않습니다. 하지만 사랑의 본질은 자기 자신으로부터 나옵니다. 사랑할 때는 자기 자신부터 사랑해야 합니다. 자기 자신을 사랑하게 되면 모든 사람들이 자연스럽게 나를 찾아오게 됩니다. 먼저 자기 자신을 사랑할 줄 알아야 모든 것을 베풀 수 있는 것입니다. 사랑을 타인에게 베풀기 전에 자기 자신을 먼저 사랑해야 합니다. 오늘 이 시간부터 자기 자신을 진정으로 사랑합시다. 자기 자신을 사랑하지도 못하면서 누구누구를 사랑한다는 말은 거짓이었습니다. 그런 사랑은 나에게 다시 화살로 돌아옵니다. 자기 자신을 사랑하는 마음으로 오늘을 살아야 합니다.

자기 자신을 사랑하지 못하고 미워하면 어떻게 되겠습니까? 삶이 피폐해집니다. 자기 자신을 사랑하게 되면 어떤 잘못이라도 자기 자신의 잘못이 됩니다. 인간은 항상 자기가 잘못을 저질러 놓고도 하나님을 불러서 잘잘못을 따집니다. 자기 자신을 사랑하면 자기 자신을 올바로 반성하게 되지만, 반성할 줄 모르면 하나님을 원망합니다. 일단 자기 자신을 사랑하게 되면 용서를 구할 일도, 후회할 일도 그렇게 많아지지 않습니다. 자기 자신을 사랑하지 않기 때문에 언제나 쉽게 말을 뱉고, 결정을 하고, 용서를 구합니다. "친구야 미안해", "하나님 죄송합니다"라면서 항상 미안한 삶을 삽니다. 그러나 자기 자신을 사랑하게 되면 그런 말들이 쉽게 나오지 않습니다.

또한 우리가 자기 자신을 사랑하게 되면 자연스럽게 감사하게 됩니다. 이스라엘 백성이 하나님께서 약속하신 가나안 땅을 주셨을 때, 하나님께 감사하였습니다. 이스라엘이 감사의 글과 뜻을 잘 알고 있었을 때는 하나님이 복을 주셨습니다. 아버지가 하나님의 복을 받으면 그 자녀도 다 받습니다. 리더 한 사람만 복을 받는 것이 아니라, 리더에 딸린 가족형제가 모두 다 복을 받습니다. 정말로 자기 자신을 사랑하고 감사하면 우리도 틀림없이 모든 것을 다 얻을 수 있습니다.

혼자는 할 수 없습니다. 혼자 하는 것은 바보짓입니다. 항상 더불어 다함께 해야 합니다. 수많은 사업자들이 아침부터 저녁까지 열심히 뛰어다니는데도 여전히 못 살고 있는 이유는 무엇입니까? 나 혼자 하려고 하기 때문입니다. 안정적인 조직을 갖춘 대기업을 보면 대부분 혼자 하지 않습니다. 똑같은 시간을 들여도 더불어 다함께 하는 쪽이 더 큰 부를 이룹니다. 나 혼자는 힘든데, 더불어 다함께 하니까 너무도 행복해집니다.

자기 자신을 사랑할 때 자기 자신한테 행복이 옵니다. 사랑의 뜻을 정확하게 알고 나를 사랑할 때 진정한 행복이 오더라는 것입니다. 우리는 항상 서로 사랑해야 하는 가족형제입니다. 우리 가족형제가 더불어 다함께 해야 됩니다. 사랑을 실천하고 행동해야 할 사람이 바로 '나'입니다. 누구한테 가는 게 아닙니다. 오늘 이 시간에 내가 살아왔던 인생을 반성하고 자기 자신부터 사랑하고 감사합시다.

사람은 하루종일 열심히 뛰어 다녀도 하루에 겨우 세 끼 먹습니다. 내가 잘나도, 못나도, 세 끼 밖에 못 먹습니다. 이왕 하루에 세 끼 먹을 것, 구차하게 먹지 말고, 우리가 더불어 다함께 행복하게 세 끼를 먹어보자는 것입니다. 내일이 무엇이 중요합니까? 내일은 결국 오늘이 됩니다. 오늘 자기 자신을 사랑하지도 못하면서 내일 자기 자신을 사랑할 수 있습니까? 오늘 이 시간 자기 자신을 사랑하고 감사하십시오. 사랑하고 감사하면서 적극적인 실천과 행동으로 나아가는 것입니다. 이것은 돈이 들지 않는 일입니다.

복음의 글에는 뜻이 있고 또한 길이 있습니다. 복음을 자기 것으로 만드셔야 합니다. 좋은 문화가 있다면 스스로 만들어 내십시오. 더불어 다함께 작은 문화를 만드는 것입니다. 일단 문화를 만들게 되면 무엇이든 됩니다. 내가 문화를 만들면 많은 가족형제를 백만장자로 만들어 내지만, 문화를 못 만들면 모두가 힘들게 살아가게 됩니다. 나 혼자만 만들어 놓고 있으면 아무 의미도 없는 동상이몽에 불과합니다. 예컨대 '침향팔찌 문화' 하나만 잘 살려도 성공입니다. 침향 문화 하나라도 잘 실천하고 행동하면 결국 그것이 자기 자신을 사랑하고 감사하는 일 아닙니까? 빌 게이츠나 워런 버핏이 복음해야만 최고입니까? 제가 아닌 누구라도, 오늘 이 자리에서 복음하면 진정한 최고입니다. 모든 가족형제 여러분이 항상 사랑하고 감사하며 복음에 최선을 다하시기 바랍니다.

이스라엘이 하나님의 복을 받았듯이, 가족형제들이 더불어 다함께 사랑하고 감사하면 하나님의 은혜,은총, 축복을 받아 진정한 부,건강,행복,백만장자가 다 될 수 있습니다. 저는 먼저 저를 사랑합니다. 그러니까 항상 행복합니다. 마음이 넓어지고 풍성해집니다. 자기 자신을 진정으로 사랑하는 사람은 최고가 될 수 있는 사람입니다. 항상 나와 우리가 최고라고 생각해야 합니다. 남을 의식하지 마시고 우리만의 최고의 문화를 만드십시오. 잘난 사람도 혼자 하면 무서울 것이 하나도 없습니다. 그러나 못난 사람도 함께 모아 놓으면 무섭습니다. 그것이 '더불어 다함께'의 힘입니다. 우리는 사랑할 때 복음할 수 있습니다. 자기 자신을 진정으로 사랑할 때 진정으로 복음하게 되는 것입니다.

제 7 장 단합

지구상에 약 24억의 기독교 인구가 있다고 하는데, 이는 전 세계 약 70억 인구의 15% 정도에 해당합니다. 그 정도의 규모라면 전 세계에 기독교 문화가 전부 깔려 있다고 봐야 합니다. 그렇다면 우리는 문화를 존중하고 따라가야 할 필요가 있습니다. 어느 지역에 문화가 융성한 것은 그 문화가 어쨌든 좋기 때문에 융성하게 된 것입니다. 내가 좋은 문화를 배워서 자기 자신의 것으로 만들어 쓰면 좋게 되는 것입니다. 저는 과거에 하나님을 믿지 않았습니다. 그러나 기독교의 문화를 접하게 되면서 조금씩 배우게 되었고 나의 삶도 회개하게 되었습니다. 그러다가 이제는 우리 모든 가족형제들을 위해서 바로 이 예수님의 길을 정말로 가야한다고 느꼈습니다. 먼저 나 자신을 위해서 가야만 하고, 그 다음으로 내 가족형제들을 위해서 가야한다는 것을 깨달았습니다.

성경에서 예수님은 자기 자신을 사랑하셨고 하나님 아버지께 감사하셨습니다. 예수님은 베들레헴의 비천한 말구유에서 태어나셨습니다. 왜 말구유였을까요? 세상에 생명을 주시려는 위대한 왕이신 예수님이 오히려 말구유같이 천한 곳에 누우셨습니다. 예수님은 우리를 위해 자기 목숨을 내어주기 위해 이 세상에 오셨습니다. 예수님은 섬김을 받는 것이 아니라 오히려 인간을 섬기기 위하여 친히 말구유 같은 겸손한 장소에서 태어나셨습니다. 예수님은 우리를 살리려고, 우리에게 생명의 떡이 되기 위해 오셨습니다.

예수님은 최후의 만찬에서 말씀하셨습니다. "예수께서 이르시되 나는 생명의 떡이니 내게 오는 자는 결코 주리지 아니할 터이요 나를 믿는 자는 영원히 목마르지 아니하리라"(요 6:35). 예수님은 하나님 아버지가 인생의 진리를 알리기 위해 자신을 이 땅에 보내셔서 사용하신다는 것을 알고 있었기 때문에 하나님께 항상 감사했습니다.

"그 때에 예수께서 대답하여 이르시되 천지의 주재이신 아버지여 이것을 지혜롭고 슬기 있는 자들에게는 숨기시고 어린 아이들에게는 나타내심을 감사하나이다 옳소이다 이렇게 된 것이 아버지의 뜻이니이다"(마 11:25~26). 예수님은 하나님 아버지가 자신을 십자가에서 죽음에 이르도록 하실 것을 알았습니다.

"그들을 떠나 돌 던질 만큼 가서 무릎을 꿇고 기도하여 이르시되 아버지여 만일 아버지의 뜻이거든 이 잔을 내게서 옮기시옵소서 그러나 내 원대로 마시옵고 아버지의 원대로 되기를 원하나이다 하시니"(눅 22:41~42). 하지만 예수님은 이 십자가 처형이 세상 모든 이들을 사랑하사 죄를 사하시려는 하나님의 큰 뜻임을 알았기에, 자기 자신을 원망하지 않았습니다. 오히려 자기 자신을 사랑했고 하나님 아버지께 감사했습니다. 예수님은 이 세상에서 가장 비천한, 짐승들이 사는 곳에서 태어났음에도 자기 자신을 사랑하고 하나님께 감사했습니다. 결국 예수님은 죽음에서 부활하심으로서 하나님의 큰 복을 받았습니다.

예수님은 척박한 곳에서 태어나셨음에도 불구하고 자기 자신을 사랑했고 하나님께 감사했기 때문에, 세상 모든 이들에게 진정한 행복을 주었습니다. 이 행복을 가져가지 못하는 가족형제들이 너무나 많습니다. 오늘도 자기 자신을 사랑하고 하나님께 감사하십시오. 내 가슴에만 담아두지 말고 꺼내어 놓아서 내 가족형제들에게 정말로 쓰셔야만 그것이 진짜 복음입니다.

대한민국이 자체적으로 만들어 낸 문화가 촛불 문화입니다. 국민이 자체적으로 더불어 다함께 하는 문화입니다. 많은 사람이 마음과 힘을 한데 뭉치는 문화입니다. 돈이 하나도 안 들었습니다. 우리도 '더불어 다함께' 창업을 해야 합니다. 그 이유는 너무도 간단명료합니다. '더불어 다함께'는 '단결' 또는 '단합'이라는 뜻입니다. 단결, 단합은 많은 사람의 마음과 힘을 한데 뭉치는 것입니다. 모든 것을 담는 것입니다. 창업이 성공하려면 더불어 다함께 하는 사람들이 많아야 합니다. 이것이 백만장자가 되는 창업의 기본적인 본질이며 모태입니다.

혼자 가는 길은 아무 생각이 없습니다. 나 혼자 눈밭을 운전하면 할 말도 없고 심심합니다. 하지만 더불어 다함께 차에 태우고 눈밭을 운전하면, 서로 이야기도 할 수 있고 가이드도 될 수 있습니다. 비포장 도로라서 길에 웅덩이가 있으면 모두 다 나와서 차를 밀어 넘어갈 수도 있습니다. 눈밭을 나 혼자 걸어가면 여기저기 발자국만 남지만, 눈밭을 더불어 다함께 걸어가면 눈밭에 길이 생깁니다. 길이 생기면 뒤를 따라 걸어오는 사람이 편하게 됩니다.

나 혼자가 아니라, 더불어 다함께 할 때 쉽게 됩니다. 먼 길을 가려면 더불어 다함께 단결, 단합하여 가야합니다. 나 혼자 가는 길은 빠르지만 큰 의미가 없습니다. '나 혼자 1인 창업'은 백만장자가 되기 힘듭니다. 하지만 더불어 다함께 창업을 하면 백만장자가 될 수 있습니다. 지금 세상은 완전히 변했습니다. 1인 창업이 대세인 시절이 있었습니다. 창업만 하면 대박이 나는 시대가 있었습니다. 시간과 세월이 지나면서 이제는 1인 창업이 매우 힘듭니다. 더불어 다함께 하는 창업만이 최선의 대안입니다. 물론 의식주는 똑같이 해결합니다. 1인 창업이나 더불어 다함께 창업하나 의식주를 해결한다는 점에서는 동일합니다. 그러나 백만장자가 될 확률은 '더불어 다함께'가 훨씬 더 높습니다.

더불어 다함께 창업을 하면 모든 면에서 유리합니다. 내가 못하는 것을 내 주위에서 도와줄 수 있고, 내가 잘하는 것을 통하여 내 주위가 도움을 받을 수 있습니다. 하지만 1인 창업은 그렇게 할 수 없습니다. 1인 창업으로 가기보다는 더불어 다함께 단결, 단합하는 창업을 할 때 백만장자가 될 수 있습니다. 대기업형 회사는 처음부터 많은 돈으로 창업하므로 그만큼 성공도 크게 할 수 있겠지만 실패 역시 크게 할 수 있습니다. 이제는 돈으로 창업하는 시대는 지났습니다. 돈이 많이 들어가는 사업을 하지 마십시오. 적은 돈으로 창업하는 것이 훨씬 유리합니다. 창업할 때 나 혼자 하려하지 마시고, 더불어 다함께 단결, 단합합시다.

지금의 시대는 더불어 다함께가 아니고서는 백만장자가 힘듭니다. 1인 창업 시대는 갔습니다. 창업자이며 사업자이며 경영자인 여러분은 주인입니다. 오늘부터 주인으로서 실천하고 행동하십시오. 내가 왜 여기 서 있는지를 정확하게 인지하시고 복음하셔야 합니다. 혁신은 생각과 행동을 바꾸는 것이지만 자기 자신을 사랑하고 감사하면서 생각과 행동을 바꾸는 겁니다. 비전은 겸손과 배려입니다. 겸손하게 자기 자신을 낮추시고 내 자신을 비워서 보여주는 것이 최고의 비전입니다. 자기 자신의 비전을 가지고 복음하십시오.

1인 창업 시대는 이미 끝났습니다. 이제 더불어 다함께 단결, 단합하는 기업은 누구도 이길 수 없습니다. 기업의 가족형제들이 이미 단결, 단합되어 한마음 한목소리로 똑같은 행동과 실천을 한다면, 전 세계에서 아무도 우리 기업을 이길 수 없을 것입니다.

제 8 장 시작

'시작'이란 '어떤 일을 처음 하는 것'을 뜻합니다. 누구나 인생에서 이 '시작'을 많이 해 봤습니다. 시작을 수천 번도 더 해 보았고 성공도 실패도 다 해 봤습니다. 어쨌든 성공이란 일단 시작한 사람만이 이룰 수 있습니다. 우리 주위에는 시작도 해 보지 않고서 성공을 못했다고 불만을 가지는 사람이 상당히 많습니다. 시작해 보지도 않고서 포기하고 남탓을 하며 비난합니다. 저기에 영업을 가야하는데 거절당할 것을 우려하여 아예 시작도 안 합니다. 시작해 보지도 않고서 백만장자를 꿈꿉니다. 시작하지 않는 인생은 어쩔 수 없이 동일한 실패의 인생만을 반복하게 됩니다.

사람의 인생에는 적어도 3번의 기회가 찾아온다고들 합니다. 당연히 기회가 찾아올 때 놓치지 말아야 합니다. 그런데 많은 사람들이 시작하지도 않고서 우연히, 재수좋게 기회가 찾아오기만을 바라고 있습니다. "어떻게 우연히 되겠지", "대충 재수가 붙겠지"라고 생각하는 사람들은 아무 것도 안 됩니다. 이는 동상이몽에 불과합니다. 시작도 하지 않은 사람에게 부의 기회가 찾아오지는 않습니다. 부자들을 보고서 보통 "재수가 좋았다"고들 합니다. 그러나 부자들도 일단 시작했기 때문에 기회가 온 것입니다.

잘 생각해 보면, 이 세상의 시간은 '오늘' 밖에 없습니다. 생각해 보면, 과거(어제)도 오늘이었습니다. 미래(내일)도 오늘이 될 것입니다. 오늘은 어제가 되어버립니다. 내일은 하루가 지나면 오늘이 됩니다. 그러므로 '오늘'이 나에게 최고로 중요합니다. 오늘이 곧 시작입니다. '내일의 오늘'보다 '오늘의 오늘'이 더 좋은 것 아닙니까? 시작은 오늘 해야 합니다. "다음에 시작할 것이다"는 따져보면 결국 '오늘' 시작하게 됩니다. 또한 항상 "시작할 것이다"가 아니라, "시작하고 있다"라는 현재진행형이 좋습니다. "내일 시작할 것이다"는 아무 소용이 없습니다. 그러므로 오늘 시작하여야 합니다. 복잡한 생각을 하며 내일로 미루지 맙시다.

기회란 것은 누구에게나 똑같이 주어집니다. 하나님이 우리를 창조하시고 모두에게 은혜를 주셨기 때문입니다. 하지만 기회라는 것은 나에게 언제 찾아올지 모르기 때문에, 그 기회를 잡기 위해서는 바로 오늘 시작해야 합니다. 오늘 할 수 있는 일을 내일(미래)로 미루지 말아야 합니다. "내일 할 것이다"라는 말은 거짓말입니다. 그런 사람은 삶에 대한 희망이 없는 분입니다.

성경에도 시작이라는 말이 나옵니다. "네 시작은 미약하였으나 네 나중은 심히 창대하리라"(욥 8:7). 시작은 미약하지만 최선을 다하면 그 끝은 좋게 될 것입니다. 시작도 하지 않으면서 끝이 좋을 수는 없습니다. 수많은 교육을 받고, 수많은 토론을 하고, 수많은 사람들과 사업을 해 보았어도, 내 생각과 행동을 바꾸지 못하면 결국에는 불행하게 됩니다. '시작'도 마찬가지입니다. 오늘 또는 내일 시작할 수 있다면, 이왕 할 것, 오늘 시작하라는 말입니다. "시작이 반이다"라는 격언도 있습니다. 시작한 사람이 시작하지 않은 사람보다 훨씬 유리합니다. 물론 모든 선택은 자신의 몫입니다. 시작도 하지 않고서 내 인생을 바꾸어 보려고 하십니까? 시작은 바로 '오늘'이 최고의 날, 디데이입니다.

하나님은 "나(하나님)는 알파와 오메가요 처음과 마지막이요 시작과 마침이라"(계 22:13)라고 말씀하셨습니다. 하나님께서 과거의 어느 시간에 모든 만물을 창조하시는 것으로 이 세상을 시작하셨습니다. 시작은 항상 끝이 있게 마련입니다. 그러므로 우리는 하나님께서 이 세상의 끝을 준비하고 계시다는 사실도 알 수 있습니다. 하나님이 창조를 하셨다면, 인간인 우리는 창업을 합니다. 창업이란 사업을 처음으로 시작하는 것입니다. 우리는 아무 생각 없이 시작만 하기 쉽지만 시작이 있다면 끝이 있습니다. 성공인지, 실패인지에 대한 끝이 있습니다. 그래서 좋은 기업은 옆으로 난 길을 가지 않고 하나님이 만들어 주신 앞으로 난 길을 가야 합니다. 가고 있는 길이 시작부터 틀리게 되면 끝에서는 그 길이 낭떠러지로 연결되어 있을 것입니다.

가는 길이 똑바른 사람이 있는가 하면 가는 길이 삐뚤어진 사람이 있습니다. 당연히 똑바로 걸어가는 사람이 행복합니다. 지금도 많은 가족형제들이 이미 시작부터 '아니올시다'인데도 불구하고 그런 길을 가고 있더라는 것입니다. 진정한 '백만장자'란 '돈'이 아니라 '마음의 방향'입니다. 옆으로 나 있는 잘못된 길로만 안 가면 됩니다. 앞으로 나 있는 길만 가면 됩니다. 그러면 시간과 세월 속에 백만장자가 다 되더라는 것입니다. 너무 간단합니다. 인생, 너무 복잡하게 생각하지 맙시다.

강남 테헤란로에 수많은 기업이 있습니다. 다들 시작은 좋은 것 같은데 끝이 안 좋은 경우가 부지기수입니다. 시작하는 길이 잘못되었음에도, 자기 회사는 항상 재수가 없다고 불평하기도 합니다. 이것이 끝이 안 좋은 사례입니다. 모두 다 시작을 했다고 해서 모두 다 끝이 좋은 것이 아닙니다. 끝이 좋으려면 어디서, 어떻게, 누구와 시작하느냐가 가장 중요합니다. 또 일단 시작을 했으면 끝을 봐야 합니다. 우리가 살아가면서 시작을 하여 끝까지 몇 번을 가 보았다고 생각하십니까? 시간과 세월 속에 시작하여 끝까지 가는 사람이 성공합니다.

오랜 기간 동안 손님들이 많이 찾아온 어느 식당의 간판에는 앞에 '원조'라고 쓰여 있습니다. 이런 식당은 시작을 해서 끝을 본 것입니다. 어떤 사람은 창업을 시작했다가 때려치우고 다른 데 가서 또 창업을 시작합니다. 폐업도 수십 번을 합니다. 그러다가 인생에서 남은 건 얼굴의 주름살 뿐입니다. 시작했다면 포기하지 말고 끝까지 가야 합니다. 또한 시작을 하되 끝이 안 보이는 시작, 목표가 분명하지 않는 시작은 하지 마십시오. 끝이 보이는 곳에 시작하십시오. 그래야 나의 꿈이 명확하게 이루어지고 성공하며 좋은 열매를 맺는 것입니다.

'천리 길도 한 걸음부터'라는 좋은 격언을 생각해 봅시다. 창업의 시작은 미약할 수 있지만 포기하지 않고 더불어 다함께 작은 것부터 해 나가는 지혜가 필요합니다. 항상 시작은 미약할 수 밖에 없습니다. 시작은 나 혼자 하지 마시고 더불어 다함께 해야 합니다. 내 힘이 모자라다는 말이 아닙니다. 더불어 다함께 내 주위의 사람들과 힘을 합치면 끝이 보입니다. 나 혼자 하게 되면 끝이 없습니다.

하나님 말씀은 분명한 진리이며, 모든 인생이 더불어 다함께 가야하는 길입니다. 정말로 제가 하나님의 길을 따라 시작을 했고 계속하여 벗어나지 않고 그 길을 걸어가니까 하나님께서 그만한 정도의 복을 주셨습니다. 그래서 이렇게 복음합니다. 만약에 제가 시작한 길이 복음할 수 없는 보험과 같은 것이었으면, 이렇게 복음을 못 할 것입니다. 이렇게 내가 정말로 진실된 마음으로 할 수 없을 것입니다. 지금 우리는 이미 시작을 했습니다. 가는 길은 이미 정해졌습니다. '시작'이라는 글자 하나만으로 십만 명도 백만 명도 만들 수 있습니다. 여러분이 일단 시작하는 것만으로도 부, 건강, 행복, 백만장자의 반은 이룬 것입니다.

제9장 길

'길'이란 '사람이나 동물 또는 자동차가 지나갈 수 있도록 땅 위에 낸 일정한 너비의 공간'을 뜻합니다. '걷거나 탈 것을 타고 어느 곳으로 가는 노정'을 말하기도 합니다. 비유적인 의미로는, 길은 '사람이 그동안 살아온 인생의 여정'이라 할 수 있습니다. 우리는 시간과 세월 속에서 많은 길을 가 보았습니다. 천재적인 능력이 있음에도 평생토록 가난에서 벗어나지 못하는 사람이 있는 반면, 평범한 능력을 갖고 있음에도 불구하고 부자의 기회를 잘 타고 가는 사람이 있습니다.

그런데 이미 만들어진 길을 만드는 사람이 성공을 이

루어 내기 쉬울까요, 아니면 새로운 길을 만드는 사람이 성공을 이루어 내기 쉬울까요? 많은 사람들이 이미 만들어진 길을 선호하기 마련이지만 이 길은 과연 안전을 보장받을 수 있을까요? 의외로 남을 따라 이미 만들어진 길을 가는 사람의 인생은 오히려 더 위험한 경우가 많습니다. 마치 서서히 끓는 물에 죽어가는 줄도 모르고 놀고 있는 개구리처럼 말입니다. 이미 만들어진 길에는 모두가 안전하다고 여기며 수많은 사람들이 뛰어들기 때문입니다. 그런 길은 이미 사람들이 꽉 차서 과포화 상태이며, 제대로 걸어갈 수조차 없습니다.

성경에 "성문으로 나아가라 나아가라 백성이 올 길을 닦으라 큰 길을 수축하고 수축하라 돌을 제하라 만민을 위하여 기치를 들라"(사 62:10)라는 말씀이 있습니다. 이 말씀은 하나님의 구원을 얻은 백성들을 맞이하기 위하여 새로운 길을 만드는 모습을 연상케 합니다. 왕이 길을 새롭게 만들어야 백성이 잘 삽니다. 마찬가지로 지금 현재 걸어갈 만한 길이 없다면, 스스로 새로운 길을 만들어야 합니다. 누구도 시도하지 않은 길이라서, 누구도 가 보지 않은 길이라서, 성공할 리가 없다고 말하는 사람들이 있습니다. 노하우도 없고 매뉴얼도 없어 성공할 수 없다고 말하는 사람들이 있습니다. 그러나 실제로는 정 반대입니다. 아무도 시도하지 않는 길, 아무도 방법을 알려주지 못하고, 매뉴얼도 없는 길을 걸었을 때 오히려 더 큰 기회가 주어질 수 있습니다. 현재 내 앞에 어떤 길도 보이지 않는다면 스스로 길을 만드십시오. 남이 만들어 놓은 길을 무작정 따라가지 마시고, 남이 한 번도 가지 않은 길을 가려고 해야 합니다. 새로운 길을 만들어 갈 때 성공할 확률이 훨씬 높습니다.

단지 돈이 많다고 해서 새로운 길을 만들어 걸어갈 수 있는 것이 아닙니다. 만약 남들과 동일하게 물류로만 간다면, 이렇게 새로운 길이 있다고 누구도 말할 수 없습니다. 물류는 다 힘듭니다. 식당, 커피숍, 자동차 등, 물류 자체는 다 힘듭니다. 이런 사업은 이제는 성공하기 힘듭니다. 이미 만들어져 있는 길만 따라가니까 수많은 창업자들이 마음의 상처를 입고 있습니다.

여기 새롭게 만들어진 길이 있습니다. '더불어 다함께 물류기반 4차산업의 길'입니다. 전 세계적으로 모두들 이 새로운 길을 갈 것이다라는 말들은 무성한데, 정작 실제로 그 길을 걸어가고 있는 사람은 없습니다. 새롭게 만들어진 길은 남들이 함부로 따라할 수가 없습니다. 4차 산업은 일단 기본적으로 물류가 중요합니다. 우리가 다 잘 아는 유명한 대기업을 살펴봅시다. 삼성은 물류를 기반으로 하여 주식으로 부자가 되었습니다. 현대자동차도 물류를 기반으로 한 주식으로 부자가 되었습니다. 이렇게, 모든 것은 물류 기반으로 하여 주식으로 갑니다. 물류가 아니었다면 주식은 뜨지 못했습니다. 애플도, 구글도, 아마존도, 물류 기반으로 주식을 발행했습니다.

누구나 다 주식을 발행합니다. 물류가 미약해지면 주식은 죽고, 물류가 많이 팔리면 주식이 삽니다. 많은 기업들이 물류기반에 의한 주식으로 가고 있지만, 누구나 잘 알다시피 너무 흔합니다. 주식을 하게 되면 여러 가족형제들이 마음의 상처를 받습니다. 남이 가던 길을 무작정 그대로 따라가니까 자연스럽게 망합니다. 그런데 새로운 길은 물류 기반으로 하여 '코인'으로 가는 길입니다. 물류가 미약하면 코인이 죽고, 물류가 많이 팔리면 코인이 삽니다. 맥락이 다르지 않습니다. 물류에서 주식을 하면 '로맨스'고, 물류에서 코인을 하면 무조건 '불륜'인가요? 이 새로운 길은 맥락은 동일하나, 남들이 기존에 갔던 길과는 다른, 새롭게 만든 길일 뿐입니다. 기존의 길은 누구나 다 하지만 누구나 하기 때문에 매우 힘듭니다. 그러므로 "더불어 다함께 힘을 합쳐 물류를 가지고 일단 의식주를 해결하고, 코인으로 간직하자!" 바로 이것이 새로운 혁신의 길이라는 것입니다.

'물류기반 4차산업'은 엄청난 부의 잠재력을 지니고 있습니다. 하지만 이 길이 앞으로 힘이 많이 들지, 그렇지 않을지, 정확히 예측할 수는 없습니다. 하지만 내가 선택한 길이라면 불평하지 말고 계속 그 길을 더불어 다함께 만들어 가야 합니다. 새로운 길은 우리 모든 가족형제들이 더불어 다함께 해 주시니까 갈 수 있는 것입니다. 기업의 리더 혼자서는 해낼 수가 없습니다.

새롭게 길을 만들었다고 해서 무조건 편안한 길을 보장하지 않습니다. 항상 돌도 있고 웅덩이도 있어서 제거해 가면서 길을 내야 합니다. 성경에서 사도 바울은 이렇게 신앙을 고백합니다. "푯대를 향하여 그리스도 예수 안에서 하나님이 위에서 부르신 부름의 상을 위하여 달려가노라"(빌 3:14). 바울은 오직 하나님의 뜻을 따라 이 땅에서 사명을 감당하고 천국에 가기 위하여 앞에 보이는 힘든 길만 올곧게 걸어갔습니다. 힘들다고 해서 결코 뒤를 돌아보거나 옆을 바라보는 삶을 살지 않았습니다. 남이 가지 않은 길이기 때문에 역시 매우 힘들지만 새로운 길은 끝에 다다를 때 기존의 길보다 백만장자가 될 확률이 훨씬 높습니다.

그래도 '물류기반 4차산업'은 지금 현재 남들이 거의 하지 않으니까, 더불어 다함께 한마음 한목소리로 똑같은 행동을 하게 되면 분명히 된다는 것입니다. 그래서 처음의 시작은 미약하고 힘들지만, 일단 이 새로운 길을 가는 것입니다. 그냥 주식을 발행하면 훨씬 편하겠지만 그 길은 백만장자로 가는 것이 정말 힘듭니다. 그래서 새로운 길을 만들어 가려는 것입니다.

항상 남이 만들어 놓은 길을 무작정 좇아가지 마시고 자기 것을 만들어 자기 길을 가시면 됩니다. '서울역'의 노숙자에게도 여전히 배울 점이 있고, '서울대' 교수에게도 결코 못 배울 점이 있습니다. 배우려는 자세를 의도적으로 좁게 가질 필요가 없습니다. 내가 배우고자 한다면, 서울역이든, 서울대학교든, 거지든, 부자든, 찾아가서 배우고 스스로 나의 것, 나의 문화, 나의 길로 만드시면 됩니다.

어쨌든 남이 만든 길로는 절대로 무작정 따라가지 마십시오. 남이 이미 만들어 놓은 옛날의 수익 창출 방식으로 가게 되면 또다시 자기 자신과 주위에 마음의 상처와 불행을 가져다 줄 것입니다. '물류기반 4차산업'은 지금 가족형제 여러분이 부,건강,행복,백만장자가 될 수 있는 새로운 길입니다. 저에게 하나님께서 은혜를 주시어 이 새로운 길을 우리 가족형제와 더불어 다 함께 걸어갈 수 있어서 항상 감사할 뿐입니다.

제 10 장 간직

성경에 “지혜로운 자는 지식을 간직하거니와 미련한 자의 입은 멸망에 가까우니라”(잠 10:14)라는 말씀이 있습니다. 지혜로운 자는 시작을 해서 끝까지 갑니다. 지혜로운 자는 좋은 지식을 곧바로 간직하지만, 어리석은 자는 3년 정도 지난 후에 좋은 지식을 간직합니다. 지혜로운 자는 남의 말에 경청은 하지만, 최종 선택은 언제나 본인이 내립니다. 그런데 미련한 자는 ‘영숙이’,‘미숙이’,‘오빠야’한테 아무 생각없이 그냥 쫓아가버립니다. 본인 인생을 남이 어떻게 책임져 주겠습니까? 항상 내 인생을 남한테 맡기려는 사람이 어리석은 자입니다.

지혜로운 자는 지식을 간직하거니와, 미련한 자는 남의 말만 간직하고, 남의 돈만 간직하면서, 주위에 마음의 상처를 가져다줍니다. 인생의 핵심은 단지 돈만 벌려고 쫓아가는 것이 아니라, 간직하는 지혜에 있습니다. 여러분은 자기 자신을 위해서 '간직'하고 있는 것이 무엇입니까? 아내는 남편을 간직하며, 부모는 아들딸을 간직합니다. 주식, 금, 코인과 같은 것을 잘 간직한 사람은 부자가 될 수 있습니다. 무엇이든지 본인이 자기를 위해서 최선을 다하여 간직해야 하는 것입니다. 간직하는 행위 그 자체가 진정한 행복이며 하나님의 복을 받는 것입니다. 역사적으로도 부자가 되는 법칙이 있습니다. 부자는 돈 그 자체를 간직하고 있다고 해서 부자가 되는 것이 아닙니다. 지혜와 지식을 간직하면 진정한 부자가 됩니다. 단지 돈으로 하려고 하지 마십시오.

이제부터 여러 가지 많이 간직하려고 하지 마시고 단 한 가지만이라도 제대로 간직해 보십시오. 잘 간직하고 있다면 살아가면서 정말 행복합니다. 이 간직이 없다

보니까 계속 불안한 것입니다. “내 노후가 어떻게 되려나?”, “내 아들이 좀 잘 되어서 나중에 나 좀 도와주나?” 왜 그런 걱정들을 하십니까? 내가 좋은 것을 간직하면 자연적으로 행복할 수 있습니다. 이 간직의 힘은 무섭습니다. 아무도 이길 수 없습니다. 간직의 힘은 모든 것을 다 얻을 수 있는 힘입니다. 사실 진짜 부자들은 절대로 지나치게 노동에 힘 안 들입니다. 노력도 별로 안 합니다. 그들은 주식, 금, 집, 땅 이런 것들을 오랫동안 잘 간직만 합니다. 퇴직금으로 식당 창업해서 잘 된 사람들, 거의 찾아볼 수 없습니다. 간직만 잘 했으면, 지금 열 배, 백 배, 천 배가 불었을지도 모릅니다. 이미 간직한 것을 팔아버리면 망합니다. 이미 간직한 것은 성공하는 날까지 잘 간직하십시오.

대기업 삼성에 입사하면 회사에서 주식을 줍니다. 물류(TV, 휴대폰 등)를 기반으로 의식주를 해결하면서 삼성의 주식을 잘 간직했기에 시간과 세월 속에 삼성의 가족형제들에게 부와 행복을 만들어 주었습니다. 삼성 직원에게 주식 외에 다른 사업이나 투자 이야기를 꺼내면 귀에 잘 안 들어갑니다. 그들은 이미 의식주를 해결하고 있고 삼성의 주식을 간직하고 있기 때문에 장차 주식으로 부자가 될 가능성도 있습니다. 그래서 아무리 돈을 많이 벌 수 있다고 유혹해도 잘 하려고 하지 않습니다. 일단 내가 의식주를 해결하기만 하면 백만장자가 될 수 있습니다. 의식주조차 해결할 수 없을 때는 아무것도 못 가져가고 계속 가난하게 살 수 밖에 없습니다.

삼성은 물류(TV, 휴대폰 등)를 기반으로 의식주를 해결하면서 삼성의 주식을 잘 간직하다 보니, 시간과 세월 속에 백만장자를 만들 수 있습니다. 현대자동차도 물류(소나타, 그랜저 등)를 기반으로 의식주를 해결하면서 현대자동차 주식을 잘 간직했기에 시간과 세월 속에 백만장자를 만들 수 있습니다. 롯데도 물류(과자, 음료 등)를 기반으로 의식주를 해결하면서 롯데의 주식을 잘 간직했기에 시간과 세월 속에 백만장자를 만들 수 있습니다. 물류를 갖고 있는 애플, 구글, 코카콜라, 전부 마찬가지입니다. 물류 기반이 안 되는 회사는 백만장자가 나올 수 없습니다. 물류 기반이 아니고는 아무 것도 될 수가 없습니다. 펀드나 코인같이 물류가 없는 사업은 그저 전화기 들고서 “여보세요?”만 하면 됩니다. 오늘 당장 긴급한 의식주가 해결이 안 되고 있는데, 오늘의 “여보세요?”가 나에게 무엇을 가져다주겠습니까? 대부분 본인한테 돈은 안 들어오고 마음의 상처만 받습니다. 원인은 간단합니다. 무엇을 하든 ‘실체’가 있어야 합니다. 삼성, 현대, 롯데는 ‘물류’라는 ‘실체’가 있지 않습니까? 이제 현 시대는 물류 없이는 백만장자가 나올 수 없습니다.

저희 기업도 물류가 있습니다. 물류(사라수, 침향단 등)를 기반으로 의식주를 해결하면서 메르시 코인과 트리피 코인을 잘 간직했기에 시간과 세월 속에 더불어 다함께 창업자 가족형제들에게 부와 행복을 만들어 주었습니다. 저는 다른 길, 새로운 길을 만들어 가겠다는 것입니다. 기존의 대기업은 물류 기반으로 주식을 하는데, 저는 물류 기반으로 4차 산업을 가겠다는 것입니다. 단순히 물류로만 하는 회사는 백만장자를 만들어 내기 힘듭니다. 일반적인 다단계 물류회사는 엄청나게 바쁩니다. 연 매출이 몇백 억, 몇천 억인데도 백만장자는 안 나옵니다. 단지 의식주만 해결할 수 있는 구조입니다. 물류 기반으로만 가니까 자기 자신만 힘들게 됩니다. 단지 물류로만 하게 되면, 최초 설립자 단 한 사람만 돈을 버는 구조가 됩니다. 물류 기반으로 모든 가족형제 여러분에게 무엇인가가 있어야 합니다. 그러니까 바로 '간직'이 있어야 합니다.

물류를 기반으로 하여 어느 길로 갈 것이냐가 여러분의 인생의 종착역을 결정짓는 것입니다. 끝이 어디로 향하고 있느냐는 것입니다. 물류 기반의 주식은 누구나 합니다. 하지만 4차 산업은 대부분 잘 모르기 때문에 아무나 갈 수 없습니다. 오늘부터 자기 자신이 두 번 다시 실패하지 않고 성공을 하려면, 남이 가지 않았던 새로운 길, '물류기반 4차산업'의 길을 더불어 다함께 만들어 가면 됩니다. 메르시 코인이나 트리피 코인을 시간과 세월 속에 잘 간직해 두기만 하면 됩니다.

남이 만들어 놓은 길과 내가 만들어 놓은 길은 근본적으로 다릅니다. 남이 만든 길은 통행료를 내지만, 내가 만든 길은 남에게 통행료를 받습니다. 돈이 들지 않고 오히려 돈을 얻는 구조, 그것이 바로 '물류기반 4차 산업'의 길 아닙니까? 그동안 남이 만들어 놓은 길만 가니까 통행료도 많이 내고 마음의 상처도 많이 입었습니다. 나 혼자 하면 통행료를 받을 수 없습니다. 하지만 더불어 다함께 많은 가족형제들이 간직만 잘 한다면 통행료를 받을 수 있습니다.

힘든 것이 아닙니다. 부자 되는 것, 어렵지 않습니다. 이제는 혼자 하려하지 마시고 주위의 가족형제들과 더불어 다함께 해야 합니다. 나 혼자 하면 '불륜'이지만, 더불어 다함께 하게 되면 '로맨스'요, '진정한 행복'이 됩니다. 도둑질과 같은 나쁜 일만 아니라면, 기업의 리더가 "가자"할 때 같이 따라주는 게 좋습니다. 나쁜 것을 알려준다면 내가 안 하면 되지만, 좋은 것을 가르친다면 말이 필요 없이 따라가는 것이 바람직합니다. 물론 단기간에 '열매의 성과'라는 답이 나올 수 있는 것은 아닙니다. 지금은 조금 불편해도 더불어 다함께 가다 보면, 시간과 세월 속에서 그것이 맞았는지 맞지 않았는지 답이 나올 것입니다. 우리는 더 많은 가족형제와 서로 똘똘 뭉쳐야 할 것입니다. 저는 더불어 다함께 가는 길을 갈 것이며, 결코 중도 포기란 말은 하지 않을 것입니다. 하나님의 복을 우리 가족형제 여러분이 모두 다 꼭 받으셔야 하기 때문에 저는 최선을 다해서 앞으로만 나아갈 것입니다.

세상은 많이 변했습니다. 옛날의 정답은 지금은 없습니다. 남의 것을 베껴 올 필요가 없습니다. 기존의 나쁜 경험만을 토대로 그저 똑같이 간다면 결국 똑같은 불행한 길을 가게 됩니다. 다른 회사가 어떻게 되고 있는지 신경쓰지 마십시오. 다른 회사가 최고가 되는 것을 부러워하지 마시고, 쳐다보지 마시고, 따라가지 마십시오. 지금 내가 속한 회사가 최고가 되면 됩니다. 정말로 부를 가져다 줄 수 있는 회사가 좋은 회사입니다. 저는 새롭게 만든 이 길을 포기하지 않습니다. 이 길을 끝까지 한 번 가 보겠습니다. 이 길이 맞는지 안 맞는지는 지금은 아무도 함부로 판단하지 못합니다. 그 끝이 언제일지도 알 수 없습니다. 이 길을 가다보면 틀림없이 끝이 있을 겁니다. 우리는 이미 성공하고 있습니다. 자기 자신을 믿고 포기하지 마십시오. 만약 당신이 올바른 길을 가는 회사 안에 있다면 성공을 거둘 수 있습니다. 적당히 잘 되는 정도가 아니라, 자자손손 대대손손 가족형제들에게 대우받으면서 살 수 있습니다.

실패는 있을 수 없습니다. 성공 밖에 없습니다. 성공의 반대말은 포기입니다. 포기하지 않으면 성공합니다. 그리고 일단 오늘 시작을 했다면 반은 성공입니다. 이제 주위의 많은 분들에게 물류(사라수, 침향단 등) 기반의 4차 산업(메르시·트리피 코인)을 복음합시다. '티알이노베이션', '사라퀸'에서 침향의 작은 문화를 만들어서 복음합시다. 오늘부터 결단하고, 시작하여, 더불어 다함께 '물류기반 4차산업' 한 번 해 봅시다. 오늘 하루도 우리 가족형제 여러분이 하나님의 은혜,은총,축복으로 더불어 다함께 진정한 부,건강,행복,백만장자가 모두 다 되시기를 주님께 기도드리겠습니다.